KB076185

블록체인 기술은 우리 사회의 경제와 산업을 혁신시킬 기술이다. 이 책은 블록체인이 가져올 화폐의 미래와 금융의 혁신을 통찰력 있게 기술하고 있다. 미래의 변화와 혁신의 선도자가 되고자 하는 사람들에게 추천하고 싶다.

-박수용, 서강대 컴퓨터 공학과 교수/한국블록체인학회 회장

화폐는 사회진화를 위한 사회적 기술로서 탄생 이래 지금까지 진화해왔다. 새로운 화폐의 등장은 새로운 시대의 등장을 예고한다. 디지털네트워크 정보사회를 예고하는 새로운 화폐가 가져올 금융혁신과 사회변화를 미리 알고 싶은 분들께 일독을 권한다.

-이정엽, 블록체인법학회 회장, 의정부지법 부장판사

이미 수많은 블록체인 관련 책들이 쏟아져 나왔다. 하지만 이 책은 블록체인 시장의 변화를 가장 잘 짚어낸 책이다. 페이스북과 스타벅스의 디지털 화폐 얘기뿐 아니라, 중앙은행 디지털 화폐CBDC, DE-FI탈중앙금융, 스테이블 코인 등 가장 최신화된 디지털 화폐 트랜드를 이 책 한 권이면 모두 알 수 있다.

-김현기, IT전문미디어 테크M 대표

위대한 역사의 첫 시작은 대중의 무관심과 비관 속에서 자라난다. 따라서 위대한 투자는 소수의 전유물이 될 수밖에 없는데 이 책이 블록체인과 디지털 화폐에 대한 선구안을 제공할 것이다.

-한동엽, 하나금융투자 club1 WM센터

50년 전 누군가는 허허벌판 강남에 땅을 샀고, 30년 전 누군가는 재계 4위 삼성전자 주식을 구매했고, 10년 전 누군가는 작은 차고에서 노트북으로 비트코인을 채굴했다. 디지털 세상에서 새롭게 탄생하는 부의 비밀을 지금 당신에게 선물하라.

-피터 윤, 루나민트 대표

거대한 흐름 속에 합류할 것인가, 그냥 지켜만 볼 것인가는 당신의 선택에 달렸다. 세계에서 가장 큰 기업들이 주목하고 있다는 것만으로도 그냥 지나칠 수 없는 디지털 화폐. 세계 경제와 금융의 역사부터 이미 유수의 기업이 디지털 화폐를 탐구하고 있는 현재 상황에 흥미롭게 빠져들다 보면 당신은 이미 거대한 흐름 속에 한 발짝 들여놓은 것이나 다름없다.

-지수희, 한국경제TV 기자

역사는 반복되기 마련이다. 불과 50년 남짓 유지해온 달러의 패권을 둘러싼 화폐의 전장 속에 블록체인이라는 신무기가 등장했다. 패러다임이 전환되는 이 중대한 시점에서 우리는 자산의 온전한 소유권을 되찾아 올 수 있을까? 이 책을 통해 미래에 대한 실마리를 찾게 될 거라 확신한다.

-박정열, 알파인벤처스 CIO

코로나19로 인해 가속화 된 초연결·비대면 시대의 시작, 아무도 알려주지 않는 디지털 자산의 트렌드와 새로운 시대 부의 비밀이 이 한 권에 담겨 있다.

-이도선, 랜드박스 부동산 연구소장(도선국사)

스타벅스는 비트코인 선물거래소 백트Bakkt에 투자했으며, 페이스북은 수년간 리브라를 발행하려고 노력했다. 중국은 기축통화 패권을 거머쥐기 위해 중앙은행 디지털 화폐CBDC를 발행하고 시범 운영하고 있다. 각국의 중앙은행 역시 CBDC를 연구 중이다. 아직도 암호화폐에서 시작된 디지털 화폐가 신기루로 보이는가? 미래 금융시장을 논하는데 있어 이제 디지털 화폐는 없어선 안될 키워드이다. 디지털 화폐에 대한 고찰은 금융업계 종사자, 투자자, 온라인 기반의 글로벌 사업자에게 선택이 아닌 필수이다. 디지털 화폐에 문외한이라면 이 책을 읽어보자. 영화 매트릭스에서 주인공의 뇌에 새로운 지식을 초고속으로 다운로드하는 것처럼 단기간에 새로운 금융시스템을 이해할 수 있을 것이다.

-이래학, 유튜브 달란트투자 채널 운영자

당신의
지갑을 채울
디지털 화폐가
뜬다

당신의
지갑을 채울
디지털 화폐가
뜬다

초판 1쇄 인쇄 2020년 12월 05일
초판 12쇄 발행 2021년 06월 01일

지은이 이장우
펴낸이 최화숙
편집인 유창언
펴낸곳 이코노믹북스
등록번호 제1994-000059호
출판등록 1994. 06. 09
주소 서울시 마포구 성미산로2길 33(서교동), 202호
전화 02)335-7353~4
팩스 02)325-4305
이메일 pub95@hanmail.net/pub95@naver.com

ISBN 978-89-5775-254-8 03320
값 15,000원

혼돈의 시기! 엄청난 기회! 언택트 시대 부의 비밀 대공개

당신의 지갑을 채울 디지털 화폐가 뜬다

이장우 지음

이코노믹북스

"당신의 불안한 미래, 돈 벌 마지막 기회가 왔다!"

"이태원 상가가 텅 비었다."

"홍대 거리도 무너졌다."

전 세계에 타격을 준 코로나19 바이러스는 우리를 멈춰 서게 했고, 세상을 빠르게 변화시키고 있다.

14세기 흑사병페스트, Plague이 만든 르네상스 시대 이후 코로나19 사태로 인해 많은 것들이 변하고 있다. 가장 특징적인 트렌드의 변화는 '비대면'으로 통칭되는 이른바 '언텍트Untact'의 가속화라고 할 수 있다. 수많은 학자와 전문가들은 "코로나 사태가 완전히 새로운 문명적 대변혁인 4차 산업혁명 시대를 가속화시키게 될 것"이라고 말하고 있다. New 르네상스 변혁기가 곧 우리에게 펼쳐질 것이다.

"가게에 사람이 줄어 매출이 절반 이상 줄었어요"

"건물주도 이자를 내야 해서 더 이상 임대료를 깎아줄 수 없데요"

"회사 매출이 급감해서 일자리를 잃었어요"

불안한 미래에 대해 누구나 돈 걱정을 할 것이다. 필자 역시 불확실한 미래에 관해 고민한다. 하지만 우리가 세상의 도전 앞에 진화해 나갔듯이 이 모든 장애물도 하나의 과정일 뿐이다. 이미 많은 나라가 포스트 코로나 시대를 준비하고 있다. 우리나라도 한국판 뉴딜 정책의 일환으로 170조 원의 펀드를 조성하는 등 미래 산업에 대비하는 모습이다. 국가도 기업도 개인도 모두 '돈' 걱정으로 위기를 극복할 방법을 찾는데 몰두하고 있다.

혼돈의 시기에는 엄청난 기회가 있다. 하지만 기회는 준비하는 자의 것이다. 그렇다면 당신은 기회를 잡기 위해 무엇을 준비하고 있는가? 아마도 이 시대 당신이 돈 벌 마지막 기회가 지금 당신 곁에 와 있을 수 있다. 적어도 당신이 이 책을 손에 들고 끝까지 읽고자 마음먹었다면 말이다.

부자가 되기 위한 가장 쉬운 방법은 부자들을 따라 하는 것이다. 그들의 사고와 행동, 심지어는 투자와 재테크 방법까지 모두 벤치마킹하는 것이다. 당신은 이 책을 통해 세계 최대 부자 기업이 무엇을 준비하고 어떤 비즈니스를 지향하고 있는지 알게 될 것이다. 또한, 급변하고 있는 현시점에서 어디에 집중해야 하며, 어떤 방법으로 돈을 벌 수 있는지 구체적인 로드맵까지 알게 될 것이다. 이 책을 통해 당신이 얻게 될 소중한 정보는 당신의 불안한 미래를 해결해 줄 마지막 기회가 될 것이라 믿는다.

'투자처 찾지 못한 부동자금 1,100조 원 역대 최대…'

얼마 전 뉴스에 보도된 내용이다. 저금리 기조와 코로나19 사태 속에서 시중에 풀린 자금은 마땅한 투자처를 찾지 못하고 주위를 맴돌고 있다. 수많은 나라가 위기 극복을 위해 실물 화폐를 찍어내고 있다. 이렇게 찍어 낸 실물 화폐의 가치는 떨어지고, 눈에 보이지 않는 감염병처럼 디지털 세상의 화폐가 세상을 바꾸게 될 것이다.

글로벌 각국은 불과 몇 달 사이 디지털 화폐에 대한 시각이 급격하게 바뀌었다.

美, 불티나는 달러화 발행에 세계 각국은 디지털 화폐 눈독 [20. 8. 4 IT조선]

日, 입장 선회 '디지털 엔화' 발행속도 낸다 [20. 7. 15 매일경제]

中, 2022 베이징 동계올림픽 맞춰 '디지털 위안화 출범' [20. 5. 27 조선비즈]

韓, 한국은행 디지털 화폐 실험 과감하게 진행한다 [20. 9. 2 지디넷]

코로나바이러스 여파로 미국 경제가 코로나19 쇼크에서 쉽사리 벗어나지 못하고 있다. 여기에 미국 연방준비제도(연준)는 천문학적인 돈 풀기 정책을 펼친다. 미국 투자은행 사이에서는 달러화가 기축통화 지위를 잃을 위기에 처했다는 경고가 속속 나온다. 이 같은 우려에 세계 각국은 중앙은행 디지털 화폐(CBDC, 중앙은행이 전자적 형태로 발행하는 디지털 화폐)에 눈을 돌린다. 중국, 유럽, 필리핀에 이어 최근에는 디지털 화폐에 미적지근한 반응을 보였던 일본까지 가세했다. 설계만 제대로 하면 달러 패권에 도전할 수 있는 유일한 도구가 될 수 있기 때문이다.

세계 각국의 중앙은행뿐만 아니라 세계 최대 부자 기업인 페이스북,

스타벅스가 디지털 화폐에 뛰어들었다. 페이스북은 스테이블 코인[1] 리브라Libra를 발행한다. 리브라를 통해 글로벌 유저 27억 명을 이어줄 글로벌 디지털 결제 플랫폼으로 한 걸음 더 나아가고 있다. 스타벅스는 비트코인 거래소 백트Bakkt의 설립 파트너로 참여했다. 글로벌 비트코인 은행을 꿈꾸고 있다. 그뿐만이 아니다. 애플, 골드만삭스, JP모건, 트위터 역시 그들만의 전략으로 디지털 화폐 시장의 인프라를 만들어 가고 있다

불안한 미래를 해결하는 방법은 다가올 미래를 예측하고 대비하는 것이다. 하지만 이 책을 읽는 당신도 필자도 미래를 예측하고 대비하는 것은 쉬운 일이 아니다. 따라서 가장 쉽고 현명한 방법은 페이스북이나 스타벅스와 같은 대기업, 부자들이 지향하는 비즈니스와 투자 방법 등을 연구하고 따라 하는 것이다. 필자는 수년간 그들의 움직임을 연구해 왔다. 그들이 뛰어든 블록체인과 디지털 화폐 시장에 집중하면서 수많은 실패와 성공의 경험을 통해 얻게 된 나의 노하우는 독자들에게 꿈과 희망이 될 것이라 믿는다.

코로나19 바이러스로 인해 4차 산업혁명이 가속화되고 있다. 이제 '돈을 벌 마지막 기회'가 온 것이다.

---

1 **스테이블 코인** 가치가 안정화된 코인으로, 기존 화폐에 고정가치로 발행되는 암호화폐이다.(ex 1 테더 = 1USD)

2017년 암호화폐의 큰 버블이 있었다. 그리고 우리는 2년 전, 구매 후 100토막 난 그 몹쓸 코인만 생각한다. 지난 2년간의 암호화폐의 겨울을 지나면서 이 산업은 너무나 많이 발전했다. 진짜 플레이어들이 뛰어들기 시작했다.

지금이 기회다. 페이스북이 암호화폐를 발행하고, 스타벅스가 비트코인 거래소에 투자하고, 중국이 중앙은행 디지털 화폐를 만들려고 하고 있다. 하지만 여전히 "100토막 난 그 몹쓸 코인. 비트코인은 사기다. 코인하면 망한다. 버블이다. 가치가 없다."와 같은 소음에 진짜 시그널을 놓치고 있지는 않은가?

필자는 이 책을 통해서 글로벌 플레이어들이 디지털 자산 시장을 어떻게 준비하고 있는지, 왜 미국과 중국은 디지털 달러와 디지털 위안화를 추진하려고 하는지, 진짜 가치 있는 디지털 자산은 무엇이고, 우리는 어떻게 투자해야 하는지를 알리고자 한다.

여러분이 미래를 준비하는데 이 책이 조금이나마 도움이 되길 바란다. 현실 세계의 상당 부분이 가상 세계로 이동할 것이다. 우리의 일자리도, 우리도 자산도, 우리의 시간도, 코로나19가 그 시기를 많이 앞당겼다. 현재 코인마켓캡(www.coinmarketcap.com)에 있는 암호화폐의 모든 시가총액을 더하면 3,860억 달러(2020.8.31 기준, 430조)로 전체 금융자산(266조 달러)의 0.15% 이다. 앞으로 10년, 20년 뒤는 어떨까? 그렇다면 여러분은 지금 무엇에 관심을 가지고 공부를 해야 할까?

PART 1

암호화폐가
세상을 뒤흔든 시간들

블록체인은 좋은 기술이라고 알고 있는데, 암호화폐는 왜 투기와 사기로 불리나?

책을 쓰고 있을 때였다. 이제 막 블록체인과 암호화폐에 관심을 갖게 된 코린이(코인 초보 투자자)로부터 받은 질문이다. 사실 책에 거창한 내용을 써 내려 가고 있었는데 오히려 이 간단한 질문이 더 중요해 보였다. 블록체인과 암호화폐를 들어본 분들이라면 궁금해할 만한 질문이다. 잠깐동안 곰곰이 생각을 해 보았다.

인터넷이 등장하고 난 뒤 이 기술이 가장 많이 사용되었던 곳 중 하나는 음란물, 폭력물 등의 전송 및 공유였다. 이전에는 저장 디스크에 담아서 물리적으로 교환을 했어야 했는데 클릭 한 번에 주고받을 수 있으니 이 얼마나 큰 발전인가. 역사를 돌아보면 항상 비슷했다. 새로운 혁신과 기술이 출현했을 때 그것은 늘 어두운 영역부터 활성화되었다. 위와 같은 현상을 보고 인터넷을 없애거나, 파일을 주고받은 이메일을 금지하거나, 영상을 공유하는 것 자체를 차단했다면 어떻게 되었을까. 지금 여러분이 하루 중 대부분의 시간을 사용하고 있는 그것들은 존재하지 않았을 것이다.

블록체인이라는 기술을 인터넷에, 비트코인을 이메일이라는 서비스에 비유할 수 있다. 블록체인, 분산원장[2] 기술은 비트코인 이전에도 이미 존재했었다. 이메일이 인터넷의 킬러앱이라 불리었듯, 비트코인 역

---

2 **분산원장**Decentralized ledger 지리적으로 여러 사이트나 여러 국가, 기관에 분산되어 있는 동기화된 디지털 데이터에 대한 합의 기술

시 블록체인의 킬러앱으로 보면 이해가 빠르겠다. 비트코인이 2009년 세상에 모습을 드러냈고 그리고 비트코인을 만드는데 사용되었던 블록체인이라는 기술도 조명을 받기 시작했다.

비트코인 역시 이메일이 처음에 받았던 따가운 시선을 그대로 받았다. 비트코인도 세상에 모습을 드러낸 이후 줄곧 어두운 시장에서만 사용되었다. 마약 거래, 불법 아이템 거래 등이었다. 2013년 인터넷 암시장이었던 실크로드에서는 마약, 해킹코드, 개인정보 등 각종 불법 물품과 정보 판매가 성행했다. 그곳에서는 운영되던 3년간 1,500만 건의 거래가 이루어졌고, 2,384억 원가량의 물건이 거래가 되었다. 결제수단은 비트코인이었다. 하지만 비트코인은 날이 갈수록 신뢰가 상승했고 기존 금융 시스템은 비트코인을 담지 못했다. 그러니 금융의 추적을 피하고자 하는 거래는 비트코인을 이용했다.

블록체인기술을 기반으로 다양한 암호화폐들이 발행되고 있다. 가장 먼저 발행된 비트코인부터, 수천억 원 사기에 연루된 원 코인, 세계에서 가장 많은 유저를 가지고 있는 페이스북의 리브라 코인 등 다양한 목적으로 만들어진 암호화폐가 많다. 그중 옥석을 구분하기 위해 우리는 공부를 해야 한다.

20년 전, 이메일 사업도 우편법상 불법이었다.

1997년 포털 다음daum을 창업한 한국 벤처 1세대, 국내 최초 이메일을 도입한 이재웅 전 다음 대표의 얘기다.

"20년 전엔 이메일 사업도 우편법상 불법이었다. 우편법상 우체국이 아닌 개인이 유상으로 서신을 전달해서는 안 된다. 퀵서비스로 서신을 보내는 것도 2010년까지는 우편법 위반이었다. 법을 어기면 3년 이하의 징역이나 3000만 원 이하의 벌금에 처했다."

다음과 같은 일화도 있다. "20년 전, 정보통신부 차관이 KT 광화문 사옥에 포털업체를 불러 1시간 넘게 이메일의 문제점을 질타했다고 한다. 청소년들도 이메일을 쓰게 되어 음란, 도박, 폭력, 자살에 노출되었다고 우려했다. 이메일을 대량으로 보내 엄청난 돈을 버는 업체가 어디인지 아냐고 물어보길래 이 건물 주인인 KT라고 답하자 갑자기 회의를 긴급히 종료했다"라는 에피소드도 있다. 웃픈 이야기들이다. 지금 생각하면 이메일조차도 불법처럼 대했던 시기가 있었다는 것이 의아할 따름이다.

이메일은 인터넷이라는 인프라 위에서 탄생한 킬러앱이다. 인터넷이 존재하기 전에는 탄생할 수 없는 서비스였다. 법과 규제라는 울타리가 미래에 발생할 혁신을 모두 담을 수는 없다. 다시 얘기하면 혁신을 하기 위해서는 때로는 그 울타리를 벗어나는 상상을 해야 할 때가 있다. 그것이 불법, 사기 등으로 폄하되지 않기를 바랄 뿐이다.

2009년 블록체인 위에서 탄생한 킬러앱은 비트코인이다. 그 이후 많은 암호화폐들이 탄생했다. 지금의 법과 제도의 울타리로는 이 자산을 담을 수가 없다. 하지만 디지털 세상으로 급속하게 변하는 지금, 비트코인이 영향을 미칠 세계를 상상하고 학습해 볼 가치가 충분히 있다.

2017년 암호화폐 열풍을 해석해 보자.

2017년 한해, 비트코인은 1년 동안 14배가 올랐다. 이더리움은 92배가 올랐다. 모든 투기 열풍이 그렇듯이 이 정도의 상승이 오면 비합리적으로 행동을 한다. 수요자와 공급자 측면에서 위 현상을 해석해 보자.

여기서 수요자는 "발행된 암호화폐를 거래소를 통해 구매하는 사람들"이다.

당신이 투자자라면 매일같이 상승하는 가격을 보고, 대박을 놓쳤다는 공포FOMO[3]가 계속 쌓였을 것이다. 비트코인 백서를 보고 이더리움 백서를 봐도 잘 이해가 되지 않는다. 그냥 좋은 얘기 같고 미래의 주요 기술이 될 것만 같다. 그 사이 그런 것조차 모르는 친구들이 돈을 버는 걸 보게 된다. 모르는 것이고, 생소한 것이라 처음에는 무시한다. 그러던 중에 몇몇 지인들이 은퇴자금을 마련하고 회사를 그만두는 것을 알게 된다. 그 뒤에는 내가 그것에 대해서 알거나 말거나 상관없이 주위에서 들려오는 노이즈들을 듣고 투자를 하게 된다. 스스로 착각에 빠진다. 그 노이즈소음가 시그널정보일 것이라고 착각한다. 늘 그랬듯 그 시점은 최고가이고, 이후 폭락하는 그래프만 보게 된다. 이러한 수요자의 비합리적인 행동들은 공급자의 도덕적 해이로 이어졌다.

---

3 포모fomo, fear of missing out 고립공포감, 놓치거나 제외되는 것에 대한 두려움 또는 자신이 해보지 못한 가치있는 경험을 다른 사람이 실제로 하고 있는것

여기서 공급자란 "새로운 암호화폐를 발행하는 사람들"이다.

이미 수요자는 비합리적인 행동을 하기 시작했고, 뭔지 몰라도 복잡하고 있어 보이는 것이면 투자해야 한다는 믿음이 생기기 시작했다. 암호화폐를 발행하는 공급자의 기본 모델은, 서비스의 개발자금을 마련하기 위해 토큰을 일부 선판매하는 것이다. 창립자는 보통 그중 일부를 보유한다. 기부라는 말을 공공연하게 할 만큼 이 코인 자금 조달방식 ICO initial coin offering는, 주식을 발행하는 것도 아니고 빚을 지는 것도 아니기에 돌려줘야 할 의무가 없는 말 그대로 공짜 돈에 가까웠다.

90년대 닷컴 버블도 이 정도의 매력적인 조건은 아니었다. 기업가들은 너도나도 암호화폐 발행에 뛰어들었고 설사 탈중앙화 애플리케이션이 아니어도 상관없었다. 리버스 ICO란 이름으로 기존 비즈니스가 있다면 그 기반으로 토큰만 발행하고 위와 같이 자금 조달을 하는 시기도 있었다. 조금이라도 ICO를 정당화할 여지가 있다면 어떻게든 시도했다. 심지어 이 모델은 서비스가 런칭하기 전에도 토큰을 상장하고 엑시트 Exit를 할 수 있는 엄청난 모델이다.

이러한 시장 환경들은 초기 암호화폐 시장이 욕망으로 가득 찰 수밖에 없었음을 보여준다. 그 후 암호화폐 시장은 2018년 초부터 2년여 긴 겨울이 이어졌다. 버블과 함께 유입되었던 플레이어들은 그 사이 탈블(탈 블록체인)이라는 이름으로 업계를 떠나갔다. 하지만 필자는 체감상 지금 만큼 안정적이고 탄탄하게 시장이 가고 있었던 적은 없었다고 생각한다. 시장이 완연한 봄으로 접어든 것으로 보고 있다.

가상자산 시장의 시가총액은 이미 17년 12월 수준으로 도달했다.

그 이외에도 글로벌 IT기업들과 미국, 중국, 유럽 등 선진국들의 움직임이 심상치 않다. 역사는 반복되지만 이전과 같은 방법으로 찾아오지는 않는다. 개인들의 힘으로 버블이 만들어진 2017년이었다면, 지금은 기업과 국가로부터 시작된 것임을 잊지 말자. 그 증거들을 이 책 곳곳에서 볼 수 있을 것이다.

그리고 3년, 다시 부상한 디지털 화폐

디지털 화폐가 부상했다. 미국은 디지털 달러가 적극적으로 논의되고 있고, 중국은 디지털 위안화가 이미 시범 사업에 들어갔다. 국가의 중앙은행이 주도하는 국가화폐의 디지털화다. 미국과 중국의 패권 전쟁의 가장 근간엔 기축통화가 있다. 중국은 디지털 화폐 주도권을 잃지 않기 위해 정부 주도의 속도전을 펼치고 있다. 미국은 글로벌 IT 기업 중심으로 속도가 더 빠르다.

페이스북이 암호화폐 리브라Libra 코인을 발행한다. 스타벅스가 비트코인 거래소Bakkt에 투자했다. JP모건은 글로벌 B2B 결제를 위한 JPM 코인을 발행했다. 한국은 카카오톡이 암호화폐 KLAY 코인을 발행했고, 네이버의 라인은 LINK 코인을 선보였다. 글로벌 주요 국가와 기업들이 모두 주목하고 있는 전쟁터다. 디지털 화폐 전쟁이다.

그들은 왜 디지털 화폐에 집중하는가? 지금 우리는 금 본위를 지나 지폐본위, 즉 달러 본위의 시기에 살고 있다. 2009년 유례 없는 달러의 양적 완화에도 달러 수요는 계속 높아졌고 그 신뢰는 유지되었다. 우리는 지금 두 번째 위기에 봉착해 있다. 2009년과는 비교가 안 될 수준의 양적 완화가 이뤄지고 있다.

2020년 하반기를 접어들면서 시장에 의미 있는 변화들이 생기고 있다. 2020년 10월 페이팔PayPal이 가세했다. 페이팔은 간편결제의 원조격으로 전 세계에 3억4600만 개의 계좌를 보유하고 있는 세계 최대 전자결제업체이다. 페이팔은 암호화폐 매매와 지갑 서비스를 곧 출시한다고 밝혔다. 2021년 초에는 페이팔이 보유한 2600만 가맹점에서 암호화폐로 결제를 할 수 있게 된다. 이것을 시작으로 페이팔은 다양한 암호화폐를 이용한 서비스를 내놓을 것이다. 마치 한국의 국민 메신저인 카카오톡의 카카오페이나, 국민 포털인 네이버의 네이버페이로 비트코인을 구매할 수 있고 결제가 가능한 상황을 생각해 봐라. 아마 페이팔은 그보다 훨씬 더 파괴적인 영향력을 미치게 될 것이고, 암호화폐 투자와 사용을 위한 접근성을 극도로 높여줄 것이다.

지금 다시 부상한 디지털 화폐는 지난 과거처럼 개인이 만들어낸 시장이 아니다. 2018년 이후 3년간 하락장을 유지했던 디지털 화폐 시장은 기관투자자가 자리를 서서히 채워 나갔다. 올해 들어 스퀘어Suqare, 마이크로스트레티지MicroStrategy 와 같은 나스닥에 상장 기업들조차 비트코인을 그들의 자산 폴트폴리오로 구성하기 위해 매집하는 것은 이제 시작에 불과하다.

트위터 CEO인 잭 도시가 CEO를 겸하고 있는 미국 결제업체 스퀘어 Suqare는 기업 총 자산의 1%에 해당하는 5천만 달러(약 600억 원)를 비트코인을 매집했다고 밝혔다. 그에 앞서 나스닥 상장사인 마이크로스트래티지MicroStrategy는 약 5천억 원어치의 비트코인을 사들였다. 몇 개

상장사가 비트코인을 사들였다고 디지털 화폐의 미래를 장밋빛으로 예견할 순 없다. 하지만 이것은 신호일 뿐, 곳곳에 다시 부상하는 디지털 화폐의 징후들은 계속 나오고 있다.

최근 피델리티와 코인텔레그래프에서 미국과 유럽 기관투자자들을 대상으로 한 리서치 결과(2020년 6월, 2020년 10월)를 보면 두 곳 모두 36%의 기관이 디지털 자산에 투자하고 있다고 밝혔다. 디지털 자산에 투자하지 않은 64% 기관 중 39%는 향후에 투자할 것이라고 했다. 다시 부상하는 디지털 화폐는 국가와 기관 중심으로 확연히 과거와는 다른 양상을 띠고 있다. 이 책의 곳곳에서 그 흔적과 사례들을 확인할 수 있을 것이다.

PART 2

디지털 자산혁명이
가져올 NEW비즈니스

CHAPTER 1

암호화폐 커스터디에 뛰어드는 은행들

은행에 비트코인을 맡긴다?

"은행에 비트코인을 맡긴다". 많이 생소하지 않은가? 은행은 돈을 예금하고 보관해주고 또 빌려주는 곳으로 알고 있는데, 몇 년 전까지만 해도 '사기'라고 얘기했던 비트코인을 은행에 맡길 수 있다(?). 많이 낯설 것이다. 하지만 이런 일을 머지않아 볼 수 있을 듯하다.

커스터디는 쉽게 말해 금융 자산을 대신 보관 및 관리해 주는 서비스로 기존 금융권에서 제공하는 서비스 중 하나다. 국내는 내년(2021년) 3월 특금법 시행을 앞두고 있다. 특금법 시행은 디지털 자산의 제도권 진입의 첫 단계로 볼 수 있다. 이에 따라 금융 자산의 영역에 포함될 거란 전망이 짙어지면서 이를 대비해 전통금융권을 중심으로 한 디지털 자산 커스터디 시장의 성장이 예상된다.

국내의 주요 암호화폐 거래소들은 이미 자회사 등을 통해 커스터디 비즈니스를 이미 진행하고 있다. 빗썸의 볼트러스트, 업비트의 운영사인 두나무는 디엑스엠DXM, 고팍스 역시 스트리미를 통해 암호화폐 커스터디 서비스를 진행 중이다. 글로벌로 보더라도 빗고Bitgo와 같이 기관 전문 커스터디 업체들이 자리를 잡고 있다. 하지만 "커스터디는 신뢰의 영역"이라 불린다. 기존 은행사가 지닌 인프라의 안정성을 블록체인 스타트업이 이기기 쉽지 않을 것이다. 은행이 가장 유리한 환경에서 비즈니스를 할 수 있는 영역이다. 국내에는 신한, 하나, 국민, 농협 등 주요 은행들이 이미 디지털 자산 커스터디 서비스에 많은 관심을 갖고 있다.

"디지털 자산이 제도권으로 편입되면서 은행이 진출할 수 있는 유력한 사업모델로 디지털 자산을 은행이 보관하고 관리해 드릴 수 있는 사업모델을 준비하고 있다.

-NH농협은행 류창보 팀장

은행의 디지털 자산에 대한 커스터디 비즈니스가 본격화될 경우, 이는 본격적으로 시작될 기관투자가들의 진출을 의미한다. 또한 수탁받은 디지털 자산을 활용한 다양한 상품 개발, 운용 등이 나올 것이다.

"美, 모든 은행에 암호화폐 수탁 사업 허용"은 무엇을 의미하는 것일까.

"2014부터 6년 넘게 비트코인을 관찰하고 있다. 그동안 중요한 뉴스가 여럿 있었고 그때마다 비트코인 가격이 요동쳤다. 지난 6년 동안 가장 중요한 뉴스가 지난 7월 22일, 미국 재무부 산하 통화감독청이 연방은행들이 암호화폐 수탁 보관업을 할 수 있을 것이다라고 선언한 것이다."

-오태민, 비트코인은 강했다의 저자

미국 내 인가받은 모든 은행이 별도 라이선스 신청 없이도 암호화폐 수탁 서비스를 제공 할 수 있게 된다. 브라이언 브룩스Brian Brooks 미 통화감독청장은, 연방은행들이 암호화폐 수탁 보관업을 할 수 있을 것이라고 선언했다.

"안전금고safe-deposit boxes에서 가상금고virtual vaults에 이르기까지, 우리는 은행이 오늘날 고객의 금융 서비스 요구를 충족시킬 수 있도록 보장해야 한다."

-브라이언 브룩스Brian Brooks 통화감독청장 대행 , 코인데스크 코리아 인용

이는 곧 전통 금융권의 수탁업무를 주식, 채권, 펀드 등 금융자산과 부동산 같은 실물자산을 보관 및 관리해 주는 역할에서 디지털 자산까지의 확장을 의미한다. 금융시장이 점점 디지털화됨에 따라 수탁의 대상은 암호화폐와 미술품, 부동산 등을 토큰화한 디지털 자산으로 확대될 것이다.

이 소식을 '고객이 암호화폐를 은행에 맡기고 이자를 받을 수 있게 되었다' 정도의 상상력만 동원했다면 큰 착각이다. 은행은 여러 가지 암호화폐를 포함하는 상품을 적극적으로 개발하고 판매할 것이다. 돈이 많

은 투자가에게 포트폴리오를 적극적으로 제안할 것이다. 고객의 당좌 자산에 기초해서 새로운 신용을 창출하는 것이 은행의 본질적 기능임을 볼 때, 제1금융권인 은행의 암호화폐 수탁 허용은 긴 여정의 시작일 뿐이다.

CHAPTER 2

디지털 자산을 수집하는 시대가 온다. NFT마켓

내가 가진 게임 아이템은 완전한 내 소유인가?

2017년 어느 날 리니지 게시판에 이런 게시글이 올라왔다.

"전당포처럼 리니지 아이템을 맡기고 돈 빌려주는 사업 어떨까요?"

게시글의 내용은 이러했다.

"리니지나 던파(던전 앤 파이터), 바람의 나라 등등 실제 아이템 매매가 빈번히 이루어지는 게임 아이템을 전당포처럼 맡기고 아이템 중개사이 트보다 저렴한 이자율, 대략 월 2% 수준으로 급전 필요한 게이머들에게 빌려주는 사업이 떠올라서요…. 모든 프로세스는 온라인으로만 이루어지구요. 휴대전화를 통한 본인인증 프로세스에 녹취를 통한 계약 방식으로 하면 법적으로 문제될 것도 없어 보이구요…. 소액이며 한도는 20만 원~300만 원까지 수준으로 생각하고 있는데… 사업성이 있을

028   PART 2

지 고견들 부탁드려요…."

-게시자

댓글이 빠르게 달렸다.

"전혀 사업성이 없어요"

"게임 아이템은 본인 것이 아니고 게임사에서 대여해주는 식입니다."

"게임사의 소유 아이템을 대여해 주고, 현금을 빌려준다?"

"이런 게 가능하려면 아직 멀었습니다."

"담보 잡을 만한 게 데이터 DB 쪼가리인데, 그리고 애초에 게임회사에서 인정도 안 할 겁니다."

"프로세스에 드는 수고까지 고려하면 수지타산이 안 나올 거 같아요."

모든 댓글은 부정적이었다. 핵심은 그거였다.

"게임 아이템은 당신 소유가 아닌 게임사의 소유다. 그리고 DB일 뿐인데 그것은 당연히 담보의 가치가 없다."

리니지의 가상세계에 존재하는 아이템들은 적게는 수십만 원부터 많게는 수억 원의 가치가 있다. 하지만 이 아이템들은 실제로는 게임회사에 종속되어 있고 온전히 내 소유의 아이템이라고 하기에는 무리가 있다. 아이템의 데이터가 모두 게임회사 내 데이터베이스에 저장되어 있고 이 서버가 롤백되거나 사라지면 나의 아이템은 언제든지 사라질 위험에 노출되어 있다.

리니지의 게임 아이템이 NFT로 구현되어 있었다면?

NFT 토큰이 무엇이냐? NFT는 영문으로 'Non Fungible Token'의 약자로 한글로는 '대체 불가 토큰'이라는 뜻을 가진다. 우리가 흔히 알고 있는 비트코인과 이더리움은 FT^Fungible Token로 부르고 대체 가능 토큰으로 이해할 수 있다. 무슨 뜻일까? 비트코인은 총 2100만 개가 발행된다. 2100만 개의 각각은 모두 같은 비트코인이며, 동일한 가치를 지닌다. 내가 가진 1BTC와 나의 친구가 가지고 있는 1BTC은 서로 교환(대체)이 가능한 비트코인이다.

하지만 NFT^대체 불가 토큰는 조금 다른 개념이다. 예를 들어, 철수가 세상에 단 하나뿐인 한정판 아이템을 보유하고 있다고 가정하자. 그 무엇도 이 아이템과 대체하여 동일한 가치와 정보를 담을 수 없다. 이를 우리는 '대체 불가능'이라 표현한다. 이러한 아이템을 토큰화하였을 때 대체 불가 토큰^NFT이라 부른다.

리니지의 아이템이 NFT^대체 불가 토큰로 구현되어 있다면, 전혀 새로운 가상 경제가 만들어질 수 있다. 리니지의 아이템 하나하나는 이미 수십에서 수억 원의 가치를 지니고 있다. 그 NFT화한 게임 아이템을 나의 지갑(암호화폐 지갑)에 보유하고 있다면 그 게임 아이템은 진정한 나의 소유이다. 게임 플랫폼 밖에서도 누군가와 적절한 가치로 거래할 방법이 생긴다. 위 게시글을 올렸던 게시자도 전당포의 역할을 제대로 수행할 수 있을 것이다.

어떠한 자산이든 적정가치가 있으면 담보가치가 형성될 수 있고 담보 대출도 가능해진다. 말 그대로 가상세계에서의 하나의 작은 경제가 만들어질 수 있다. 블록체인의 스마트 계약을 활용하면 중개자를 최소화하고 담보와 대출 모델이 가능하다. Part 7에서 다룰 디파이De-fi의 기초자산이 토큰화된 게임 아이템이 되고 그것을 통한 파생상품부터 다양한 모델이 만들어질 수 있는 가능성이 충분하다.

최근 블록체인 기반 명품 인증을 시도하는 기업들이 생기고 있다. 명품은 항상 짝퉁 상품이라는 골칫거리를 안고 다닌다. 명품뿐만 아니라 다이아몬드와 같은 보석도 마찬가지다. 블록체인을 활용하여 명품의 이력을 관리하는 업체들은 블록체인상에 누구도 조작 가능하지 못하게 명품의 이력을 남긴다. 만약 명품의 이력증을 NFT 토큰화하여 보관한다면 어떤 일이 생길 수 있을까. 그 명품의 가치는 그것이 진품임을 입증해 주는 NFT 토큰에 있을 것이다. 이전에는 명품을 전당포에 맡기고 감정사는 진품임을 감정하고 그것을 담보로 돈을 빌려준다. 하지만 미래에는 명품이력을 토큰화한 NFT를 담보로 한 디지털 자산 대출이 생기지 않을까. 상상하고 그려본다.

카카오톡으로 NFT 토큰을 쉽게 주고받는다.

우리나라 대다수 국민은 카카오톡을 설치하고 있다. 카카오톡의 기능 중에 암호화폐 지갑을 지원하는 항목이 있다. 이름은 클립Klip이다.

다시 얘기하면 우리나라 대부분 국민이 암호화폐 지갑을 간접적으로 설치하고 있는 셈이다. 클립Klip 지갑은 암호화폐 전송을 지원할 뿐 아니라 핵심 기능으로 NFT 토큰을 담을 수 있다. NFT 토큰의 용어가 생소하고 어려워서 친숙한 '카드'라는 용어를 쓴다. 그 카드는 사용자들끼리 서로 주고받을 수 있다.

물론 지금은 연동되지 않았지만, 클립Klip의 계획대로라면 리니지 아이템과 같은 게임 아이템을 NFT 토큰화하여 클립 지갑에 담을 수 있게 하고 유저들끼리 거래도 될 수 있도록 한다. 일부 게임은 이미 그렇게 협업을 하고 있다. 게임 아이템뿐만이 아니다. 골목 카페나 식당이 NFT 기반 할인 쿠폰을 발행한 후 소상공인들이 별도 마케팅 비용을 들이지 않고 활용하는 서비스와 개인의 스마트폰에 저장해 둔 게임 아이템이나 사진 등을 토큰화하는 서비스 등도 클립Klip에서 준비 중이다.

게임 아이템, 할인쿠폰뿐만이 아니라 디지털 수집품, 명품 인증, 디지털 소유권 증명서, 디지털 신분증, 디지털 자격증 등 상당히 많은 분야에서 NFT 토큰이 활성화될 가능성이 높다.

CHAPTER 3

상상할 수 있는 모든 것이 거래되는 세상

나의 연봉을 토큰화한다-NBA 딘위디

2019년 9월, 미국 프로농구NBA 브루클린 네츠의 가드 스펜서 딘위디는 도전적인 시도를 한다. 자신의 3년 계약 연봉 3,450만 달러 중, 첫해 연봉 1,350만 달러에 대해 토큰을 발행하겠다고 했다. 딘위디의 토큰을 구매해서 보유하게 되면 딘위디가 두 달에 한 번씩 급여를 받을 때마다 이자를 받는 개념이다. 즉 딘위디는 1년간 받을 연봉을 토큰화하여 선판매를 통해서 1년 치 연봉을 미리 유동화를 하겠다는 것이다.

"기본적으로 토큰은 내가 받게 될 급여를 대표한다. 선수에 대한 소유권과는 다르다. 계약서에 따른 급여를 토큰화한 것이므로 기본적인 가치도 계약서에서 나온다."

-스펜서 딘위디, NBA 브루클린 네츠 선수

딘위디의 시도는 프로스포츠선수뿐만 아니라 예술, 예능 업계에 종

사하는 사람들이 자신의 미래 소득을 기반으로 하는 토큰을 발행하는 플랫폼의 첫 번째 시도이기도 했다. 그가 생각하는 프로스포츠 선수에 투자하는 토큰은 아주 미래지향적인 생각임이 분명하다. 당장 실현되기에는 많은 장벽이 있다. 하지만 블록체인과 토큰으로 할 수 있는 충분한 상상력을 제공해 준 것도 분명하다. 딘위디는 본인의 트위터에 다음과 같이 남겼다.

내가 현재 맺고 있는 계약이 프로스포츠 선수에 투자하는 토큰의 시초가 될 것이다. 프로스포츠뿐만 아니라 예술가, 예능인을 비롯해 영향력 있는 사람 누구든지 자신이 맺은 계약에 명시된 자금을 좀 더 수월하고 확실하게 받을 수 있는 훌륭한 방식이 될 것이다. 팬들은 좋아하는 선수나 예술가에게 투자해 수익도 올리고 유명인과 소통하는 또 다른 통로를 찾을 수도 있다.

- 스펜서 딘위디 , 트위터, Coindesk korea 인용

딘위디의 연봉을 토큰화한 증권은 2020년 3월부터 판매를 했다. NBA선수협회의 반대도 있었고 우여곡절이 많았지만 결국은 진행을 했다. 하지만 결과는 흥행에 실패해 발행량의 10% 정도만 판매되었다. 예상치 못했던 코로나19로 NBA 경기 상당수가 진행되지 못한 것도 흥행 실패의 원인이 될 수 있다. 이번 토큰의 경우 증권형 토큰으로 투자 대상자가 제한되었고 최소 구매단위 역시 15만 달러로 참여에 제약이 있긴 했었던 것도 사실이다.

비록 이번 딘위디의 연봉 토큰화 시도는 실패로 끝났다. 하지만 미래의 수익을 토큰화하는 모델이 개인의 연봉으로도 가능하다는 것과 그 이상의 상상력을 보여주기에 충분했다고 생각한다. 제2의, 제3의 딘위디가 나올 거라 확신한다.

데이비드 호크니의 작품을 9900원에 사다.

글로벌 미술 시장의 규모는 71억 달러에 달한다. 예술품은 누구나 향휴할 수 있더라도 누구나 소유할 수는 없다. 왜? 너무 비싸기 때문이다.

'현존하는 가장 비싼 작가'라는 별칭이 붙은 영국 작가 데이비드 호크니David Hockney의 작품이 9,900원에 팔렸다. 실화이다. 아트블록이 데이비드 호크니 작품 2점에 대해 소유권 분할 판매를 진행했기 때문이다.

거울과 함께 모인 그림Pictured Gathering with Mirror, 2018과 초점 이동Focus Moving, 2018 두 개의 그림이 각각 8,900개, 5,900개의 토큰으로 쪼개져 판매하였다. 필자는 당시 작품당 2개씩의 토큰을 구매했고 지금까지 보유하고 있다. 일부는 지인에게 토큰을 전송해 보기도 했다. 사실 미술품을 토큰화하는 시장 역시 아직은 와 닿지는 않는다. 이유는 내가 보유하고 있는 두 개의 작품에 대한 토큰으로 아직 이익을 보지 못했기 때문이다. 필자가 미술품을 토큰화하는 영역을 굳이 이 책에 다룬 이유는 소액으로 분할하여 구매할 수 있는 점, 제3자에게 그 소유권을 쉽게 전달할 수 있는 점 등이 앞으로 큰 가치가 될 것으로 보았기 때문이다.

작품의 토큰화는 예술가들에게도 새로운 기회를 제공한다. 기존 예술품 시장 구조에서 일반인들이 예술가로부터 직접 작품을 구매하는 사례는 아주 드물다. 보통은 경매를 거친다. 하지만 일반인들의 접근성이 떨어진다. 미술품 거래에 참여하는 개인이 늘어날수록 시장에는 유동성이 공급되고, 마이너한 예술가들도 대중과 만날 기회가 더 확대될 거로 생각한다.

내 이름을 딴 토큰을 만들수 있을까.

국내에는 익숙하지 않지만, 이더리움 커뮤니티에서는 개인이 가지고 있는 영향력과 입지를 토큰화하여 소셜토큰을 발행하는 경우를 심심치 않게 볼 수 있다. 법률서비스를 제공하는 토큰도 있고, 디자인 작업을 해주는 토큰도 있다. 심지어는 팔로워가 많은 사용자는 리트윗해 주는 토큰도 있다. 흥미롭지 않은가?

흥미로운 사례를 하나 소개하고자 한다. "저와 맛있는 커피를 마실 수 있는 With 토큰을 소개합니다"로 본인의 개인토큰을 SNS를 통해서 공개한 분이 있다. 그는 블록체인 개발자이자, 커피를 비롯한 다양한 취향을 가진 분이다. 블록체인 개발자여서 오히려 소셜토큰을 발행해

│ 소셜토큰 With의 Notoin 공개페이지 │

⚙️ 이렇게 작동합니다

- ☕ 1개의 토큰을 지불하는 것으로, 저와 1:1 커피를 마시며 간단한 대화를 할 수 있습니다.
- 🏠 공간을 호스트하는 경우에도 1개의 토큰을 지불하는 것으로 예약할 수 있습니다.
- ☕ 커피챗에 사용되는 비용은 전부 제가 부담합니다.
- ☕ 공개된 장소의 1:1 대화에서만 사용될 수 있습니다.
- ☕ 커피챗 이후에 리뷰를 남겨주시면 0.3 토큰을 되돌려 드립니다.
- 🎫 커피를 대신 구매해드리는 용도로는 사용할 수 없습니다.
- ☕ 커피를 드시지 못한다면, 차 또는 카페인이 없는 음료도 가능합니다.
- 🏠 약속을 기준으로 토큰이 차감되므로, 약속이 파기된 경우 토큰을 돌려줄 수 없습니다.
- 💬 모든 대화 내용은 단순 소비를 위해 Social Media에 개제되어선 안됩니다.

☕👤 같이 커피챗할 사람

💎 "With ☕" 토큰 구매

🪙 토큰 정보

- 토큰 유형 — ERC20
- 이름 — With
- 심볼 — With ☕
- 소수 — 18
- 총 발행량 — 143개
- 초기 토큰 가격 — 2,000원
- 토큰 주소 — ⚡...with ☕.eth
- 구매 주소 — 🦄 Uniswap
- 실시간 가격 — 🦄 Uniswap Info
- 소유자 현황 — Etherscan

📊 토큰 구매 방법

🪙 토큰 구매 방법 101

🧾☕ 토큰 사용 방법

1. "With ☕" 토큰을 구매하세요. 🦄Unuswap을 통해 다양한 암호화폐로 구매할 수 있습니다.
2. 토큰을 사용하고자 한다면, 저의 Social Media를 통해 연락하셔야 합니다. 연락을 통해 알려드리는 주소로 토큰을 보내고 Txid를 알려주세요.
3. 토큰을 전송하시면 약속이 확정되고, 커피와 함께 가벼운 대화를 합니다. 🙌
4. 이 프로그램을 이용하시고 Social Media에 공개 리뷰를 남겨주시면 0.3 토큰을 되돌려드립니다.

보았는지 모른다. 그에게 with 토큰을 지불하고 그와 커피 타임을 가지신 분들의 후기가 너무 좋아서 필자도 경험해 볼 예정이다. 경험 후에 필자의 소셜토큰을 발행해 볼 의사도 있다.

With 토큰의 케이스를 잠시 소개하겠다. 나만의 토큰을 발행하고 그것의 쓰임새를 만드는 것이 그렇게 머나먼 얘기는 아니다. 필자는 소셜토큰의 미래 역시 밝다고 생각한다.

그는 이더리움의 ERC20 기반으로 With 토큰 143개를 발행했다. 참고로 토큰을 발행하는 과정은 높은 난이도는 아니다. 주변 개발자의 도움을 받으면 누구나 개인 토큰을 발행할 수 있다. With 토큰을 구매하고자 하는 분은 유니스왑이라는 탈중앙 거래소를 이용하면 된다. 이런 개인 토큰은 우리가 흔히 알고 있는 업비트나 빗썸 같은 기업형 거래소에는 상장이 사실상 불가능하다.

탈중앙화 거래소인 유니스왑은 이더리움 기반의 어떤 토큰이라도 등록하고 거래 쌍을 만들 수 있다. 이 책에서는 유니스왑 거래소의 가격 형성 메커니즘까지는 다루지 않겠다. 다소 어렵게 느껴질 수도 있고, 개인화된 토큰을 소개함에 있어 중요한 요소는 아니기 때문이다.

With 토큰의 경우 유니스왑 거래소에서 with를 구매하고, 최○○님에게 전송을 하면 최○○님과 커피챗을 할 수 있는 시간을 가질 수 있다. 그리고 그때 사용한 with 토큰은 소각주소로 옮겨진다. 오늘 기준으로 소각주소를 조회해 보니 총 33.9개의 with 토큰이 소각[4]된 것으로 보인다.

---

4 (코인)소각 개인 키가 없는 암호화폐 주소로 암호화폐를 전송하여 다시는 사용할 수 없도록 만드는 행위

CHAPTER 4

부동산도
토큰화가 된다

부동산 토큰화가 주목받는 이유

첫째는 기초자산의 안정성이다. 세상에 많은 종류의 자산이 있지만 부

동산만큼 내재가치가 뛰어난 자산은 드물다. 현재 디파이 De-fi 생태계의

| 부동산 토큰화 기사 |

SULYOUNG YI   2020년 08월 18일

"블록체인으로 나도 건물주"....부동산-미술품 토큰화 활발

블록체인이 일부 자산가만 소유할 수 있던 건물이나 미술품에 일반인들도 투자할 수 있게 일상적 투자수단을 만들고 있다.

블록체인 기술이 그동안 일부 자산가들만 소유할 수 있던 건물이나 미술품에 일반인들도 투자할 수 있도록 일상적 투자수단을 만들고 있다.

출처: COINTELEGRAPH

기초자산은 가격이 불안정한 비트코인이나 이더리움이 대부분을 이루고 있다. 이에 비해 부동산은 가격 변동성이 낮고 꽤 안정적인 자산이다.

둘째 자산의 규모가 압도적으로 크다. 부동산은 세계에서 가장 큰 자산군이다. 규모가 228조 달러(약 28경 원)에 달하는 것으로 알려져 있다. 2020년 8월 기준, 달러를 기초자산으로 한 테더^{USDT}가 약 100억 달러(11조), 그리고 비트코인은 가치총액 2,200억 달러(약 250조)에 비해 월등히 큰 자산이다. 만약 부동산이 블록체인 위에서 토큰화되어 유통되면 더욱더 유의미한 거래와 부가가치가 생길 것으로 본다.

부동산 시장의 비효율. 여전히 종이 계약에 의존하고, 전문 중개사가 필요하며 거래 상대방이 부동산을 소유하고 있는지 등을 항상 조심해야 한다. 또한 단일 자산가격이 너무 높아 소액 자본으로 투자하기 어려운 상황도 있다. 그리고 여전히 가장 온라인화가 더디게 진행된 영역이기도 하다.

부동산 토큰 거래소가 곧 선보인다.

국내의 부동산 블록체인 프로젝트는 주로 "부동산 수익증권 유통 플랫폼"으로 접근한다. 즉 부동산 거래소다. 부동산 수익증권을 토큰화하거나, 토큰화한 수익증권을 유통하는 플랫폼은 여전히 스타트업이 진입하기에는 높은 장벽이 있다. 부동산 수익증권은 금융상품이기 때문에 금융투자업 인가 없이는 중개 매매를 할 수가 없다. 또한 수익증권의 토큰화는 명확한 증권형 토큰으로 자본시장법의 규제를 받는다. 이러한 이유로 인해 국내 주요 부동산 블록체인 프로젝트는 규제 샌드박스 또는 블록체인 규제 자유 특구 사업에 한해 가능하다.

대표적인 국내 프로젝트인 '카사 코리아'는 부동산 유동화 수익증 권을 디지털화한 DABS Digital Asset Backed Securities(댑스)를 발행한다. DABS(댑스)는 빌딩 수익증권의 공유 지분 성격을 갖는다. DABS(댑스) 를 소유한 사람은 건물의 임대수익을 배당처럼 받을 수 있다. 당연히 건물의 임대수익이 높아지면 DABS의 가치 역시 올라 시세차익도 노릴 수 있다. 이러한 DABS를 유통/거래가 가능한 거래소 플랫폼을 만드는 것이 카사코리아가 바라보는 방향이다.

리츠와 비슷한 면이 있다. 하지만 리츠와의 가장 큰 차이는 2차 거래 가 가능하다는 것이다. 투자자들끼리 언제든지 DABS를 거래할 수 있 다는 차별점이 있다.

부동산을 기초자산으로 한 스테이블 코인이 발행된다면

Part 6에도 다룰 예정이지만, 스테이블 코인 시장이 뜨겁게 달아오르 고 있다. 스테이블 코인의 종류는 담보자산의 성격에 따라 정의된다. 현 재 시중에서 유통되고 있는 대부분의 스테이블 코인은 비트코인, 이더리 움과 같은 암호화폐를 담보로 한 스테이블 코인이 다수 등장하고 있다. 심지어 담보가 없이 스테이블 코인을 발행하는 무 담보형도 존재한다.

부동산은 어떤 자산 보다 내재가치가 있는 안정적인 자산에 속한다. 만약 부동산자산을 기초자산으로 한 스테이블 코인이 발행된다면 충분 히 신뢰를 줄 수 있지 않을까? 또한 기초자산규모가 큰 만큼 발행가능 한 수량도 풍부하지 않을까.

우리는 역사상 가장 큰 경제적 위기에 직면해 있다. 이 시기에 발생하는 부의 이전은 역사상 가장 큰 이동이 될 것이다. 부는 절대 사라지지 않는다. 이전될 뿐이다. 그 의미는 위기의 반대편에 반드시 기회가 있다는 것이다. 이러한 위기를 기회로 삼기 위해서 우리가 해야 할 일은 단 한가지, 공부하는 것이다.

돈의 역사에 대한 교육, 금융에 대한 교육, 세계 경제 구조에 대한 교육, 그리고 중앙은행과 주식시장이 어떻게 우리를 속이고 있는지에 대해 공부를 해야 한다. 우리가 진실을 알게 되고 금융 세계의 구조에 대해서 공부한다면 앞으로 있을 부의 이전에서 올바른 편에 설 수 있을 것이다

PART 3

인류역사상 살아남은
화폐는 없다

CHAPTER 1

화폐와 돈의 개념은 구분해야 한다

약 5000년 전에 이집트인들은 주요 화폐로 금과 은을 사용하기 시작했다. 그들이 사용했던 금과 은 조각은 크기, 순도가 모두 제각각이었다. 그래서 교환수단으로 부적합했다. 단위가 같아야 교환이 가능하다. 더 효과적인 교환의 가치를 가지기 위해 금을 보관하면 보관증을 써주었고 그 보관증은 이후에 화폐로 발전한다. 우리는 화폐와 돈의 개념을 구분할 필요가 있다.

'돈의 숨겨진 비밀', 마이크 멜로니Mike Maloney의 기준이 필자가 생각하는 기준과 흡사하여 인용하였다.

화폐와 돈의 차이는 '돈'은 반드시 가치의 저장 수단이어야 하고 오랜 기간에 걸쳐서 구매력을 유지해야 한다. 반면 법정화폐는 정부 및 금융기관이 우리의 구매력을 지속적으로 훔쳐가는 것이다.

먼저 화폐가 되기 위한 속성을 살펴보겠다. 화폐는 교환을 가능케 하는 매개체, 회계 가능한 단위, 휴대성, 내구성, 분할성, 대체 가능해야 한다. 각 항목의 특성을 살펴보자.

| 돈과 화폐의 속성 구분 |

- **교환 매개체여야 한다.** 물물교환시대에 소 한 마리와 쌀 한 가마를 같은 가치로 교환할 수 없었기 때문에 화폐가 중간에서 교환의 매개체 역할을 하였다. 즉, 우리 주머니에 있는 화폐는 교환이 가능한 매개체이다.

- **회계단위가 되어야 한다.** 숫자의 역할을 해주어야 한다(1달러, 10달러, 100달러).

- **휴대 가능해야 한다.** 편안하게 주머니에 넣고 다닐 수 있어야 한다. 최근에는 스마트폰을 대부분 보유하고 있기 때문에, 스마트폰에 편안히 넣어 다닐 수 있다면 휴대성에 충족한다고 볼 수 있다. 석유가 가치 있는 자산이지만 드럼통을 휴대하기 어렵기 때문에 화폐가 될 수 없다.

- **내구성이 좋아야 한다.** 내구성이 없고 빠르게 훼손이 된다면 교환과 휴대를 하기에 어려움이 있다. 동전은 보통 몇백 년, 지폐는 몇십 년 정도는 유지 가능한 내구성을 가지고 있다.

- **분할 가능해야 한다.** 100달러를 1달러, 10달러로 분할 가능하기 때문에 이것은 분할성이 있다. 예를 들어 주식의 경우 200만 원짜리 주식 1주는 최소금액이

200만 원이다. 1주 이하로 분할이 어렵기 때문에 교환 매개체가 되는데 어려움
이 있다.

- **대체 가능해야 한다.** 미국에서 사용하는 1달러나, 중국에서 사용하는 1달러나
같은 가치가 있다.

그렇다면 돈의 속성은 무엇인가? 화폐의 모든 속성을 가지고 있으면
서 오랜 시간 가치를 유지해야 한다. 즉 가치저장의 수단이어야 한다.
이것이 돈이고 진짜다.

인류역사상 가장 대표적인 돈-금과 은

금과 은이 최상위 형태의 돈인 것은 그것의 특성 때문에 그러하다.
매우 작은 크기가 높은 값어치를 가졌기에 교환이 쉬운 매개체이다. 순
금은 전 세계 어디서나 같은 가치를 지니고 내구성도 높다. 5천 년 전
사용했던 금이 여전히 가치가 인정되는 이유다.

금과 은은 수천 년 동안 최고의 가치저장 수단임을 입증해 왔다. 그
래서 금이 바로 궁극적인 돈으로 불리는 것이다. 금은 나눌 수도 있고
합칠 수도 있는 화폐의 특성 중 분할성을 가진다. 가치 저장 수단임은
지난 5천 년간의 시간의 경과가 말해준다. 계산의 단위가 되는 것도 가
능해 회계의 단위이기도 하다. 돈으로써 필요한 요건들을 갖추고 있다.
그리고 금과 은은 양이 딱 정해져 있어 임의로 공급량을 마구 늘릴 수
없다. 마치 코로나19, 금융위기의 달러처럼 전례없이 헬리콥터 머니로
뿌리는 것이 원천적으로 불가능하다. 공급이 제한된 상태에서 금을 소

유하고 싶어 하는 사람이 많아질 때 가치저장의 기능이 생긴다. 이것이 바로 금을 최고의 돈으로 만들어주는 요소이다.

석유는 소중한 자원이고 높은 가치를 인정받지만 돈이 될 수는 없다. 교환을 위해 한 드럼을 들고 다닐 수는 없다. 휴대성이 떨어지기 때문에 화폐가 되기 힘들다. 돈은 화폐의 기능을 기본적으로 갖추고 거기에 가치저장의 기능이 있어야 한다.

FED(미 연방준비제도)[5]가 제한 없이 찍어낼 수 있는 달러와 달리 금은 공급량이 제한적이다. 첨단기술로 무장한 금 채굴기업[6]이라 하더라도 오늘날 금의 연간 공급량은 전체의 2~3% 내외이다. 이러한 희소성이 금을 역사적으로 가치를 보존하는 자산의 역할을 해왔다. 금값을 비교해 보자. 1971년 금본위제를 폐기하기 전까지 금 1온스는 35달러에 고정되어 있었다. 최근(20년 7월) 금값이 최고치를 경신했다는 소식이 자주 들려온다. 1온스에 2,000달러이다. 지난 50년간 달러의 가치는 금보다 98% 하락한 것이다.

"금이 훌륭한 돈이라는 증거는 화폐를 발행하는 각국의 중앙은행들조차 금을 보유하고 있다는 사실이다. 중앙은행은 유사시에 대비해 주요국 외화와 금을 의무적으로 보유하는데 화폐 전쟁의 승패를 결정짓는 것은 결국 금이다. 미국이 압도적으로 가장 많은 금을 보유한 국가라는

---

5 FED(미 연방준비제도) 미국의 중앙은행제도이다. 가장 중요한 기능은 달러화의 발행
6 채굴기업 금광 채굴기업을 뜻하며 땅을 파서 광물 따위를 캐내는 채굴행위를 전문적으로 하는 기업

| 중앙은행 금 보유고 상위 국가 |

순위	국가/단체	금 보유량 (미터톤)	외환보유고 중 금의 비중
1	미국	8,133.5	78.3%
2	독일	3,364.2	74.3%
3	국제 통화 기금	2,814.0	
4	이탈리아	2,451.8	69.5%
5	프랑스	2,436.0	63.4%
6	러시아	2,299.2	21.1%
7	중화인민공화국	1,948.3	3.2%
8	스위스	1,040.0	6.3%
9	일본	765.2	2.9%
10	인도	641.8	6.9%
11	네덜란드	612.5	70.5%
12	유럽 중앙은행	504.8	
13	터키	485.2	23.3%
14	중화민국	422.4	4.4%
15	카자흐스탄	388.3	67.7%
16	포르투갈	382.5	73.0%
17	우즈베키스탄	338.1	56.4%
18	사우디아라비아	323.1	3.2%
19	영국	310.3	9.4%
20	레바논	286.8	28.8%

2020.5기준

것은 당연한 이치다. 인상적인 것은 최근 들어 달러 패권에 불만을 품은 국가들이 공격적으로 금을 매집하고 있다는 사실이다. 세계금협회의 자료에 따르면 2018년 세계 각국 중앙은행들의 금 순매수량은 전년 대비 74% 증가했는데 이는 1971년 금본위제가 폐지된 이후 최대다. 중국이나 러시아 같은 반미 국가들이 똘똘 뭉쳐 미국보다 금을 많이 보유한 뒤 새로운 글로벌 통화 시스템을 제안한다면 미국의 달러 패권에 금이 갈 수도 있다."

-비트코인 제국주의, 한중섭

달러는 화폐일 뿐, 변한 것은 구매력이 떨어진다는 것이다.

정부가 계속해서 화폐를 찍어내어 공급을 희석할 수 있다. 이것은 우리의 주머니와 은행 계좌에서 그 부를 가져다가 정부와 금융세력으로 옮겨 가고 있다. 경제에는 시야를 흐리게 하는 것들이 많이 존재한다. 과거에 수천 가지의 보증 없는 종이 수표들이 있었다. 역사에서 보증 없는 종이 화폐가 살아남은 적이 있는가? 하나도 빠짐없이 모두 가치가 ZERO가 되었다. 어떤 종이 화폐도 살아남은 화폐는 없다. 달러가 대단 해서 역사상 처음으로 살아남을 수 있을까?

달러는 1913년 FRB(연방준비제도)의 출범 이후에 95%가 넘는 구매력 을 잃었다. 즉, 달러는 가치를 저장하기 위한 수단으로는 좋지 않다. 최 근 국내에도 부동산 가격이 올라서 곳곳에서 불만이 많다. 주식가격도 끝없이 오르고 있다. 부동산의 가치가 변한 것인가? 아니면 화폐의 구 매력이 떨어진 것인가? 그것은 화폐의 가치가 떨어진 것이지 물가의 상 승이 아니다.

달러는 1944년 브레튼 우즈 체제에서 금 1온스당 35달러를 가진 태환

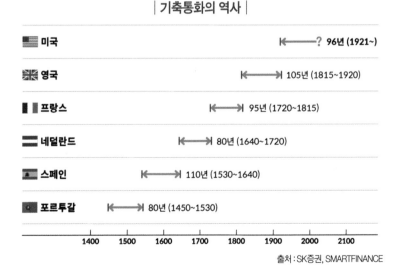

| 기축통화의 역사 |

출처 : SK증권, SMARTFINANCE

화폐였다. 하지만 1971년 닉슨 대통령의 불태환 화폐 선언으로 신용화폐가 되었다. 미국 달러가 여타 기축 통화와 다른 점은 금이나 은으로 태환되지 않는 종이돈이라는 사실이다. 다시 말해 초록색 종이의 가치를 보증하는 어떠한 실물도 존재하지 않는다는 뜻이다. 과거 시대를 지배했던 국가들의 화폐는 이름만 바뀌었을 뿐 모두 금이나 은과 같은 실물에 가치가 연동된 것이었다. 과거에 기축통화를 보유한 국가들은 제한적으로 화폐를 통제할 수 있었던 반면 미국은 잉크와 종이만 있으면 무제한으로 달러를 찍어낼 수 있다. 마음만 먹으면 뚝딱 경제적 가치를 지닌 재화를 만들어 낼 수 있는 연금술이 인류 역사상 최초로 실현된 것이다. 그것도 전 지구를 대상으로 말이다.

"우리는 지금 인류 역사상 최초로 실물에 기반하지 않은 화폐를 전 지구적으로 사용하는 매우 특별한 시대를 살고 있다. 미국 제국에 대한 신뢰가 충분히 유지되어야만 운영되는 신용 버블이 얼마나 지속 가능할지는 두고 볼 일이다. 역사적으로 화폐의 근간이 되는 신뢰는 소수의 무능한 엘리트들에 의해 너무나 자주, 그리고 반복적으로 붕괴하여 왔다. 특히 화폐를 통제할 권한을 가진 소수의 잘못된 선택으로 인해 다수가 비극을 체험한 경우는 너무 많다."

-비트코인 제국주의, 한중섭

　가치있는 것에 연동되지 않는 신용화폐 시스템은 언젠가 무너지게 되어 있다.

비트코인, 화폐인가? 돈인가? 아니면 투기의 대상인가?

비트코인을 1637년 네덜란드에서 있었던 튤립 버블에 비교하는 사람이 많다. 당시 튤립은 1634년부터 관심을 받기 시작했다. 튤립 한 뿌리는 8만7천 유로(1억2천만 원 상당)까지 치솟았다. 당시 숙련된 장인이 버는 연간 소득의 10배나 높은 가격이었다. 1637년 2월 3일 튤립의 가격의 대폭락이 있기까지 튤립은 3~4년간 투기에 활용되었다. 사실상 최초의 투기로 인한 거품경제 현상이었다. 그래서 튤립 파동이란 용어는 거대한 경제적인 거품(자산가격이 내재적인 가치에서 벗어날 때)을 가리키는 은유로 자주 사용된다.

튤립 파동은 단순히 튤립 구근의 희소성으로 인해서 시작된 것은 아니다. 당시 네덜란드 경제 상황을 보아야 한다. 세계 최초의 주식회사인 동인도 회사가 배당금을 지급하고 주가가 장기적으로 상승함에 따

| 당시 가장 비싼 가격에 팔렸던 튤립 중 하나 |

'부자 왕'이란 별명으로 알려짐

라 많은 주주를 부자로 만들었다. 게다가 동인도회사가 성공적으로 세계시장을 개척하고 있었는데, 후추를 비롯한 귀한 향신료가 나는 인도네시아의 몰루카제도를 아예 점령해 버리는 바람에 많은 돈이 네덜란드로 유입되었다. 돈이 많이 들어오면 경기가 활성화됨과 더불어 버블을 형성할 수 있는 여건을 마련해 준다. 튤립 파동 이면에서는 네덜란드의 과도한 유동성이 이유가 될 수 있다.

1630년대 네덜란드에서는 수입된 지 얼마 안 되는 터키 원산의 원예 식물인 튤립이 큰 인기를 끌었고 사재기 현상까지 벌어졌다. 꽃이 피지 않았는데 미래 어느 시점을 정해 특정한 가격에 매매한다는 계약을 사

| 돈 / 화폐의 6가지 속성에 따른 각 자산별 특징 |

		달러	금	비트코인	튤립(버블)
돈	화폐				
	교환매체	달러로 물건 교환 가능	금화	결제처 지속적 증가	상품 결제 불가
	회계단위	숫자의 역할 가능	온스	사토시 기준, 소수점 8자리까지 가능	없음
	휴대성	가능 (동전, 지폐)	가능 (금화)	가능 (하드월렛, 스마트폰)	가능하지만 불편 감수
	내구성	지폐는 5~10년 사용	5,000년 역사	손상 가능성 없음	구근은 약 3년 이하
	분할성	100달러를 10달러로 나누어 받을 수 있음	쪼개거나 녹여서 합칠 수 있음	사토시 기준 쪼개거나 합칠 수 있음	분할 불가
	대체성	미국의 1달러와 한국의 1달러 대체 가능	미국의 금 1온스와 한국의 금 1온스 대체 가능	미국의 1BTC와 한국의 1BTC 대체 가능	네덜란드에서만 거래되었음
	가치저장 수단	100년간 구매력 95% 감소	1971년 1온스=35달러 2020년 1온스=2,000달러	2010년 1만 BTC=피자 2판 2020년 1 BTC=약 10,000달러	없음

출처 : 필자 재구성, Mike maloney / Youtube-kiliman channel 참고

고파는 선물 거래까지 등장했다. 1630년대 중반 뿌리 하나가 8만 7천유로까지 치솟았다. 그러나 어느 순간 가격이 하락세로 반전되면서 팔겠다는 사람만 넘쳐나 거품이 터졌다. 상인은 빈털터리가 되었고 튤립에 투자했던 귀족들은 영지를 담보로 잡혀야만 했다.

튤립은 돈이 아니고 그냥 상품이었다. 과도한 유동성에 투자자들의 욕망을 덧붙인 상품에 불과했다. 튤립이 금이나 비트코인 같은 가치저장의 능력이 있는 다른 자산과는 다르다. 비트코인을 튤립 버블에 비교할 수 있는 유일한 부분은 투기에 대한 욕망이다.

CHAPTER 2

되돌아보는
1929년 대공황

1929년 10월24일, 기록이 시작된 후 가장 큰 주식 폭락

코로나19로 인한 무제한 양적 완화는 모든 자산의 가격을 끌어올리고 있다. 주식, 금, 부동산 할 것 없이 끝없는 랠리를 지속하고 있다. 문제가 생겼을 때 미 연준FED이 영웅처럼 등장하여 시장에 유동성을 제공해줄 것이라 확신하는 듯하다. 무소불위 FED가 자산 가격의 하방을 든든하게 버텨주고 있으니 주식시장에 신규유입이 끊이질 않는다. 우리는 이 시점에서 1929년의 대공황사태를 기억해야 한다.

1929년 수년 동안 지속되던 경제 번영이 대참사로 끝이 났다. 기록이 시작된 후 가장 큰 주식시장의 폭락이었다. 훗날 6000여 개의 은행이 파산했다. 시장 붕괴 후 대공황이 왔고 전 세계로 퍼져서 10년 동안 지속되었다. 이게 시작이었다. 경제 대공황은 10월 24일 미국 주식시장의 붕괴로 시작되었다. 10월 23일 수요일 뉴욕 증권시장에서 사전 조짐 없이 주가가 폭락했다.

주식가격은 1924년부터 5년간 꾸준히 상승했고, 1928년부터는 달아

오르기 시작했기 때문에 그날의 폭락은 투자가들을 충격에 빠지게 했다. 10월 24일이 되었다. 다들 팔려고 하는 주식을, 사려고 하는 사람이 나타나지 않았다. 주가가 2달러, 4달러, 10달러씩 떨어지면서 공포는 엄습했다. 그날은 검은 목요일Black Thursday이라고 불린다. 4일 뒤인 10월 28일은 검은 월요일Black Monday로 불리는데 주가가 12.8% 폭락했고, 그다음 날인 화요일엔 11.7% 폭락하면서 미국 주식시장은 대붕괴된다.

최고의 비즈니스는 전쟁이다.

그날 미국 주식시장의 붕괴 원인을 알려면 10년 전으로 거슬러 올라간다. 1차 세계대전은 경제적으로 미국을 채무국에서 채권국으로 바꿔놓고 호황을 이끌어냈다. "최고의 비즈니스는 전쟁이다"라는 말이 틀리지 않음을 보여주었다. 1차 세계대전 이후의 상황을 한 단어로 요약하면 "유럽의 몰락과 미국의 번영"으로 표현할 수 있다. 1차 세계대전 이전까지만 하더라도 미국은 세계 최대 채무국 중 하나였다. 37억 달러 수준의 채무국이었던 미국이 종전 후 126억 달러의 채권국으로 성장을 했다. 미국 역사상 최대의 호황을 누릴 것이라는 것을 말해주는 증거는 차고 넘쳤다. 유럽의 국가들은 전쟁 중에 대부분의 산업 시설들이 파괴되었다. 따라서 전후에도 제대로 된 공산품을 생산할 수 있는 인프라가 부족했다. 1차 세계 대전의 전장이 유럽이었던 관계로 미국의 산업시설은 피해를 보지 않았다. 그 결과 미국은 자연스럽게 비즈니스에서의 주도권을 잡게 되었다.

1920년대 미국 경제 최고의 호황이 찾아오다.

1920년대 들면서 미국은 일상의 변화가 찾아왔다. 전력공급이 되면서 미국 곳곳에 전기가 들어왔고 비행기와 라디오 같은 새로운 기술이 등장했다. 사람들이 포드나 크라이슬러 자동차를 새로 구매함으로써 자동차 산업 또한 호황을 경험하게 된다. 무제한의 경제 번영의 시대가 열린 것처럼 보였다. 아마도 이 시기의 번영을 수치로 가장 잘 표현해주는 숫자는 자동차 대수일 것이다. 1919년 미국에는 약 677만대의 승용차가 운영되고 있었다. 10년 후인 1929년 2,312만대로 약 3.4배가 증가했다. 1923년 말에 이미 미국의 전형적인 도시기준으로 세 가정에 두 대꼴로 자동차를 소유하고 있었다.

자동차뿐만이 아니었다. 오늘날의 테슬라처럼 당시 최고의 테크 비즈니스는 라디오였다. 1922년부터 라디오가 대유행했다. 1929년에 이르렀을 때 라디오 판매량은 1,400%라는 경이적인 증가율을 기록했다. 1920년대 미국사회의 모습을 보여주는 대표적인 풍경 중 하나였다. 이런 펀더멘탈7이 있는 가운데 1928년 대통령 후보였던 하버트 후버Herbert Clark Hoover는 다음과 같이 수락 연설을 하였다.

"오늘날 미국은 이전의 어느 때보다도, 이전의 어떤 지역에서보다도 가난에 대한 최종적 승리에 근접했다. 머지않아 빈곤이 이 나라에서 영

---

7 펀더멘탈Fundamental 한나라 경제가 얼마나 건강하고 튼튼한지를 나타내는 용어인데 우리말로는 기초경제여건이라고 표현

원히 사라지는 날을 보게 될 것이다"

-하버트 후버Herbert Clark Hoover

경제호황으로 가려진 어둠의 그림자를 하버트 후버가 조금이라도 알았더라면, 바로 1년 뒤에 닥칠 엄청난 변화에 대비가 되었을 것이다. 하지만 시장에서는 좀처럼 그 호황의 끝이 눈앞에 있다는 것을 캐치하기 쉽지 않았다.

당시는 소비문화 역시 대량 소비가 꽃피는 시절이었다. 외상으로 고액의 물건을 사도록 할부 판매가 장려되고 권장되었다. "당장 사고 지불은 나중에" "미래는 걱정 말고 지금 이순간을 위해서 살자"라는 개념이 주류가 되기 시작했다. 투자에 대한 의식 역시 변화했다. 대출이 쉬워지고 실소득이 늘어나면서 더 부자가 되는 길을 찾아 나섰다. 유가증권에 엄청난 투기가 몰렸다. 특히 영화사, 항공사, 석유회사 그리고 라디오사 주식이 잘 팔렸다. 일반 국민은 자신이 사용하는 제품과 회사를 연결 지으면서 "내가 좋아하는 그 제품을 만드는 회사 주식을 사야겠구나"라는 의식이 생겼다. 당시 약 300만 명의 미국인이 주식을 가지고 있었다.

대공황이 있기 전 개인들이 유가증권시장에 대한 관심을 묘사하는 여러 가지 자료들을 보면서 현재와 너무 흡사한 모습에 놀라지 않을 수 없었다. 역사는 반복하지만 똑같은 모습으로 위기가 찾아오지 않는다. 감히 시장을 확신할 수는 없다. 당신이 시장에 대해서 확신할 때 그때가 가장 위험할 때라는 생각을 잊지 않길 바란다.

미국 대공황의 시작과 끝에는 미 연준FED이 있다.

이제 미국 대공황의 원인을 정리해 보겠다. 주식시장이 점점 투기의 장으로 변모하기 시작한 것은 미국의 경제적 호황과 맞물려 연준FED의 통화량 확대 때문이었다. 당시에 연준FED은 국채매입 등을 통해서 1921년~1929년간 총 통화량을 61.8%까지 확대하여 유동성이 폭발적으로 증가하게 되었다. 이러한 풍부한 유동성은 투자시장뿐 아니라 1차 대전 이후 피해 보상 및 전후복구를 위해 자금 수요가 높았던 독일 등의 다른 나라에 차입으로 활용되었다. 즉 미국의 인플레이션을 해외로 수출한 것이다.

투기시장으로 변모하던 주식시장의 과열을 잠재운 것은 연준FED의 긴축통화정책이었다. 1927년 가을에 시행한 연준의 통화 긴축정책은 주식자금을 위한 신용대출을 축소하였다. 그리고 1928년, 1929년 유가증권 투기를 막기 위한 금리를 인상하여 신규투자를 억제하였다. 대공황 발발의 직접적 원인이었다.

1929년 10월 주가가 폭락하여 대공황이 시작되었다. 주식가치의 하락으로 부의 실질가치가 감소하여 소비가 줄었다. 투자자의 자산대비 부채비율은 증가하였다. 이는 미래에 대한 불확실성으로 투자의 감소로 이어졌다.

문제는 그다음이다. 1931년 9월 금 본위제 종주국인 영국은 보유 금 부족으로 금본위제를 포기한다. 재정 통화 정책을 펴야 할 시기에 금 부족으로 이를 실행할 수 없게 되었기 때문이다. 여기서 미 연준FED의 또 한번의 정책 실패가 발생한다. 미국은 금 본위제의 유지를 위해 금리를 대폭 인상하는 통화 긴축정책을 펼치게 된다. 하지만 미국의 통화 긴축은 경기침체 심화의 뇌관을 건드리고 말았다. 연준FED의 달러 방어를 위한 긴축정책이 오히려 긴 디플레이션의 늪으로 유도했다. 1927년 미 연준FED의 긴축정책이 대공황 발발의 직접적 원인이며, 1931년 통화긴축은 경기침체가 심화되는 방아쇠를 당긴 꼴이 되었다. 결국 1933년 프랭클린 루즈벨트 대통령에 의해 미국 역시 금본위제를 포기하게 된다.

위기는 늘 진화한다.

위기는 늘 진화한다. 같은 방법으로 위기가 반복되지는 않는다. 1929년 경제 대공황을 교훈 삼고 2009년 금융위기 때 연준FED은 과감한 양적 완화와 제로금리 정책을 통해 위기를 넘긴다. 2020년 코로나 위기, 2009년 금융위기와 같은 방법으로 위기를 극복하고 있다. 2009년과는 비교가 안 될 금액의 양적 완화를 진행 중이다. 특히 이번에는 글로벌이 모두 하나같이 자국 통화의 유동성을 증가시키고 있다. 펀더멘탈이 약한 제3국가의 통화 가치 붕괴가 급격하게 찾아와 위기의 뇌관이 될 수도 있다. 우리가 이 위기에 대처할 수 있는 방법은 무엇인가?

CHAPTER 3

2009년 거대한 양적완화 뒤, 미국은 왜 인플레이션이 심해지지 않았나

"양적 완화."

복잡하게 들리지만, 화폐 생산단계를 복잡하게 들리게끔 하는 용어이다. 양적 완화는 2009년 은행 긴급구제 때부터 시작되었다. 화폐는 허공에서 창출되어 은행으로 주어졌다. 기억해야 할 것은 그들이 양적 완화, 긴급구제 또는 어떤 용어를 사용하든지 그것은 모두 화폐 생산 증가를 의미하는 마법적인 용어일 뿐이다.

미국과 유럽만의 문제가 아니라 이것은 국제적인 현상이다. 각국의 기초통화량은 늘어나고 있다. 놀라운 것은 인플레이션이 심해지지 않는다는 것이다. 통화공급량을 더 빨리 늘렸는데 왜 가격들이 더 빨리 오르지 않을까? 그것은 연방 준비은행이 만들어낸 화폐^{달러}의 상당량이 해외로 보내졌기 때문이다. 화폐를 발행하면 인플레이션이 발생하고 그 인플레이션이 어디로 가는가가 중요하다. 미국은 자신들의 인플레이선을 수출한 셈이다. "어떻게 인플레이션을 수출하지?" 박스에 넣어서 보낼 수도 없을 텐데 말이다.

단순히 우리가 찍어낸 달러를 다른 나라로 보내면 인플레이션을 수출하게 되는 것이다. 그리고 그들은 각국의 물품을 우리에게 보내준다. 냉장고, 차, TV 등을 우리에게 보내준다. 우리는 제품을 받고 그들은 종이 조각을 받는다. 이것은 미국인들에게 아주 좋은 거래였다. 얼마지나지 않아 그 돈은 모두 집으로 되돌아올 것이다. 전 세계가 이렇게믿는 순간 말이다.

"미국 달러는 이제 가치가 없어졌어!!! 너무 많아, 많아도 너무 많아. 미국 달러를 대체할 다른 것들을 찾아야 해."

이러는 순간 달러는 모두 미국으로 되돌아온다. 이런 것들이 가속화되면 그동안 세계에 뿌려놓은 달러들이 급속히 미국으로 되돌아올 것이다.

인플레이션, 누구에게 가장 치명적인가.

달러가 되돌아온다는 것은 그동안 수출했던 인플레이션도 함께 돌아온다. 미국 내 통화량은 연방준비은행이 찍어낸 속도보다 더 빨리 상승한다. 그때가 바로 미국 달러의 구매력이 완전히 추락하는 시점이다.

2차 양적 완화 때 세계 식량 물가는 60%가량 올랐다. 이것은 세계에서 하루 2달러로 생활하던 20억 인구에게 대재앙을 가져왔다. 그들은 이미 배고픈 상태였는데 더 배고파졌다. 양적 완화가 아랍의 봄에 불을 지핀 것이다. 이번이 다른 점은 전 세계적으로 발생하고 있다는 점이다. 지금까지 모든 국가에서 동시에 발생한 적은 없었다. 이것이 역사상 가장 큰 부의 이동이라는 것을 의미한다. 역사상 가장 큰 기회이기도 하다.

인플레이션, 누구에게 가장 치명적인가. 급격한 인플레이션이 발생하면 사회에 가장 생산적인 사람들이 고통을 받는다. 소비보다 생산을 더 많이 하고 그 사이를 저축하는 사람들이다. 그 생산적인 사람들, 즉 저축하는 사람들은 국가의 화폐로 저축을 한다. 불행히도 국가화폐는 그 시점에는 명목만 있는 종이조각에 불과할 것이다. 급격한 인플레이션으로 가치가 파괴되면 은퇴 후 쓸려고 모아둔 10만 달러는 의미가 없어진다. 가족을 부양할 능력도 사라진다. 앞으로 발생할 수 있는 일이다. 지난 5천 년간 화폐 가치가 무너질 때는 항상 가치저장 기능이 있는 돈으로 되돌아왔다. 역사적으로 금과 은이 그 역할을 하였다. 금과 은이 항상 통화 공급확대에 따른 회귀를 한다는 것이다.

CHAPTER 4

전례없는 위기에, 전례없는 정책… '헬리콥터 머니'

14세기 흑사병은 중세 봉건주의를 무너뜨렸다.

흑사병은 14세기 유럽에서 7,500만~2억 명의 목숨을 앗아간 인류사상 최악의 대유행 병이었다. 이때 흑사병으로 유럽 총인구의 30~60%가 목숨을 잃었다. 흑사병 이전의 세계 인구는 4억 5천만 명 정도로 추산되는데 14세기를 거치며 3억5천만 명~3억7500만 명 정도로 거의 1억 명이 줄었다. 14세기의 중세 유럽에 퍼져나간 흑사병은 "대흑사병"이라 불린다. 14세기 흑사병은 사회 구조를 붕괴시킬 정도로 유럽 사회에 큰 영향을 주었다. 당시 유럽에서는 흑사병이 왜 생기는지 몰랐기 때문에 거지, 유대인, 한센병 환자, 외국인 등이 흑사병을 몰고 다니는 자들로 몰려서 집단폭력을 당하거나 심지어는 학살을 당하기도 했다. 흑사병의 창궐은 삶에 대한 태도도 바꾸어 "지금 이 순간을 즐기자"는 신조어를 낳았다. 1940년대 몽골에서 시작되어 서유럽으로 확장된 흑사병의 이야기이다. 이 대유행 병은 유럽의 주요 도시들을 휩쓸며 유럽 인구의 3할 이상을 지워버렸다. 그러자 여기저기서 봉기가 일어나기 시작했고

출처: Danse_macabre_by_Michael_Wolgemut, wikipedia

중세 봉건 시스템을 떠받치던 핵심 기관과 제도들이 무너져 내렸다.

혹사병으로 인한 인구 감소는 영주와 농민과의 계급 대립을 야기했

다. 인구 감소로 인한 노동력 부족에 농민들은 즉각적으로 반응해 높은

임금을 요구했다. 지배계층은 농민들의 요구에 여러 제도들을 추가하였다. 농민들은 지대의 감면과 부역의 폐지를 주장하며 영주에 대립하였고, 인구 감소로 일꾼 부족이 이미 발생하고 있었기에 지배계층의 힘은 약해져 갔다. 농민들은 더 좋은 조건을 찾아 이동했다. 일부 농민은 공한지를 경작하거나 영주의 직영지를 임대하여 부농으로 성장할 수 있는 기회를 마련하게 되었다. 농민들 역시 부농과 빈농으로 분화되기 시작했고 이 경제적 차이는 또 다른 사회적 변화로 이어졌다. 흑사병 이후 인구감소와 농민들의 지리적 이동, 더불어 사회적 이동의 변화는 기존에 붕괴되어 가던 중세 봉건체제를 급속히 붕괴시키기에 이른다. 중세 봉건 시스템의 종말은 자본주의로의 이행에 촉발제가 되었다.

역사적으로 대규모 전염병이 창궐할 때마다 문명을 한 차원 끌어올리는 변화로 이어졌다. 14세기 흑사병은 전염병 창궐에 무기력했던 교회의 권위를 흔들며 르네상스라는 새로운 문명의 시대를 열었다. 지금 우리가 겪고 있는 코로나19도 역사의 물줄기를 바꿔 놓을 그 시작임을 잊지 말자.

코로나19 사태 이후, 시장에 적극 개입하는 미 연준FED

2020년 3월 23일 조선일보에 다음 기사가 올라왔다. "美 FRB, 무제한 양적 완화 선언…전례 없는 조치"(FRB는 미국 중앙은행인 연방준비제도이사회를 말한다. FED라고도 한다). 미 연준은 달러의 발권력을 이용하여 미국채, MBS^{부동산 담보증권}를 사들인다. 그뿐만 아니라 학자금 대출, 자동차 할부금융, 신용카드 대출 등으로 구성된 ABS^{자산유동화 증권}를 지원하는 프로그램인 TALF프로그램[8]도 부활시켰다. 가계, 소상공인의 위축을 막겠다는 것이다. 전방위적이고 이례적인 조치다.

여기에 그치지 않고 미 연준FED은 사상 첫 '회사채[9] 직매입'을 시작했다. 연준이 공개한 회사채 매입대상 명단에는 총 794개 기업이 포함되었다. 20년 9월 30일까지 7500억 달러(900조)의 회사채를 매입할 예정으로 밝혔고, 책을 쓰고 있는 현재(2020.08)까지 15억 달러(1.8조) 규모의 회사채를 매입하였다. 미 연준FED은 회사채 매입을 더 확대할 것이다. 뉴욕 증시는 화색이 돌았고 다시 한번 상승 반전을 이루어냈다. 이미 시장 안정 프로그램의 한 부분으로 미 연준FED이 사들인 상장지수 펀드 ETF 시가 총액은 80억 달러를 넘어서고 있다.

무시무시한 달러 발행

미국의 지난 5개월간(1.1.~6.1) 달러 발행량을 보면 무시무시하다. 1792년 달러 발행 이후 지난 245년간 발행한 달러의 절반 가까이 추가 발행했다(약 45.3%). 2009년 금융위기 당시 양적 완화를 통해 추가 발행한 달러 규모를 이미 초과했다. 실제로 2009년 금융위기 때 1차 양적 완화 당시 1조 5000억 달러 규모의 유동성을 공급하는데 약 16개월이 걸렸다. 하지만 2020년 코로나로 인한 양적 완화로 2조 달러 규모의 유동

---

8 TALF 프로그램 미국 소비자 대출시장(학자금, 자동차, 신용카드 등)에 유동성을 공급하는 양적 완화 프로그램(Term Asset-Backed Securities Loan Facility)

9 회사채 주식회사가 일반 대중으로부터 비교적 거액의 장기자금을 일시에 조달할 목적으로 채무 증서 형식으로 발행한 유가증권

자산시장 거품 키우는 '헬리콥터 머니'… 韓中日 집값 요동

장윤정 기자 , 신나리 기자 , 파리=김윤종 특파원   입력 2020-07-06 03:00   수정 2020-07-06 05:25

▌글로벌 유동성 과잉 몸살

20.7.5. 동아닷컴

성이 공급되는데 두 달이 채 걸리지 않았다. 문제는 앞으로다. 노벨경제학상 수상자인 폴 크루그먼 뉴욕시립대 교수는 "글로벌 금융위기보다 더 큰 침체The Greater Recesion가 올 것"이라고 경고했다. 그는 "아직 일어나지 않은 소비 수요 급락이 불러올 대규모 2차 실업이다. 수백만 명이 정규 소득을 잃을 것이다. 연방 지원이 없다면 지출을 줄여야 하고 이는 다시 수백만 개의 일자리를 잃게 할 것"이라고 예상했다.

CHAPTER 5

다시 주목받는 디지털 화폐

각국 중앙은행들이 앞 다투어 돈을 풀고 있다. 경기 부양책을 내놓고 있다. 코로나19 사태가 이를 더욱 가속화시켰다. 자국 산업의 경쟁력 확보를 위해 다른 나라 화폐가치를 떨어뜨리는 이른바 "화폐 전쟁"의 조짐이 일고 있다. 미국은 글로벌 기축 통화국으로 양적 완화란 이름으로 달러를 마구 찍어내고 있다. 달러중심의 국제통화 시스템은 큰 압력을 받게 될 것이다. 과연 미 연준FED은 모두를 위한 '최후 대출자' 역할을 언제까지 수행할 수 있을까?

코로나19로 인해 다시 주목받게 된 것이 있다. 디지털 화폐이다. 디지털 달러, 디지털 위안, 디지털 엔화 등 국가의 법정화폐를 디지털화한 국가 주도 디지털 화폐가 주목받고 있다. 적어도 지난 2월까지는 디지털 화폐는 머나먼 얘기였다. 이보다 먼저 2019년에 페이스북의 리브라 프로젝트가 발표된 직후부터 지금까지 정부와 국회 그리고 언론의 집중 포격을 받은 것만으로도 그 저항은 짐작할 수 있다.

디지털 화폐는 왜 다시 주목받게 되었을까? 거시적인 이유보다도 코로나19로 인한 당장 현실적인 이유로 인해 더 힘을 얻게 되었다. 미국 의회에서 자국민에게 긴급 지원금을 직접, 더 빨리 제공하기 위해 디지털 달러를 활용하자는 법안이 발의되었다. 바이러스가 돈에 묻어 전파될 가능성이 있다는 주장도 제기되었다. 이로 인해 급기야 지폐를 소각하거나 살균하는 나라도 나오기 시작했다. 코로나가 한참일 때 시중은행에 근무하는 한 직원은 인터뷰에서, "돈도 소독하느냐"는 질문과 함께 "누가 만졌을지 모르니 새 돈으로 바꿔주세요"라는 요청을 가장 많이 받았다고 했다. 종이 돈을 만지는 것조차 두려움이 되었던 것이다.

중국은 더 적극적인 행보를 보였다. 중국 인민은행이 신종 코로나 집중 발병지의 화폐를 수거해 폐기하거나 자외선 소독, 그리고 화폐의 다른 지역 이동을 차단하는 작업에 착수했다는 언론 보도가 나왔다. 이러한 외신 보도 역시 디지털 화폐가 주목받는 분위기를 만드는데 일조를 하였다.

디지털 화폐가 주목받게 된 또 다른 이유가 있다. 이번 코로나19 사태로 인해 보편적 기본소득에 관한 관심이 급증했다. 보편적 기본소득이란, 정부가 모든 국민에게 생활을 영위하는데 필요한 기본소득을 제공해야 한다는 개념이다. 미국은 코로나19로 인해 하루아침에 3600만 명이 일자리를 잃었다. 대량 실업 사태가 커지자 대중들의 관심도 커졌다. 미국판 '긴급재난지원금'이 지급되기 시작한 것이다. 미국은 현금으로 성인 1인당 1,200달러, 미성년자 500달러가 본인 계좌에 지급되었지만, 그 과정은 순탄치 않았다. 이것을 지켜본 워싱턴포스트WP는 다음과 같이 언급했다. "금융기관이 2019년 기록적인 이익을 얻었음에도 불구하고 여전히 수십 년 된 소프트웨어에 의존하고 있다. 이와 같은 낡은 인프라로 인해 부양금 지급이 기술적으로 어려워지고 있다. 지급 기간이 길어질수록 사람들의 삶은 악화될 것이다."

지급 과정에서의 한계는 또 있었다. 긴급재난지원금은 식료품을 사거나 공과금을 내는 등 급히 지출해야 하는 생활비를 지원하는 것이 목적이다. 하지만 이번 지급에서는 상당 금액이 다시 예금으로, 또 주식 자금으로, 또는 암호화폐 투자 자금으로 이동했다. 데이터 처리회사인 인베스트넷 요들리Investnet Yodlee에 따르면 "현금 보조를 받은 미국인 250만 명의 계좌이체를 분석한 결과 현금을 지급받은 뒤 한 주간의 주식거래가 그 전주보다 90% 이상 늘었다"고 한다. 또한 암호화폐 거래소인 코인베이스의 CEO 브라이언 암스트롱은 "트위터를 통해 최근 암호화폐를 1,200달러어치 산 다음 예치하는 비율이 4배 급증했다"고 밝혔다. 그 시점이 1,200달러 재난지원금이 지급되기 시작한 시점과도 맞는다고 밝혔다. 이처럼 보편적 기본소득의 일환으로 지급된 긴급재난지원금은 그 과정부터 애초 목적과 다른 용도로의 사용이 일어나고 있었다.

이러한 이유로 코로나19 긴급재난지원금을 수표로 지급하는 것이 아닌 디지털지갑을 통해 디지털 달러를 직접 지급하자는 법안이 미국 의회에서 논의되었다. 보편적 기본소득을 디지털화함으로써 얻을 수 있는 혜택은 명확하다. 이번처럼 주식이나 암호화폐 등에 사용되지 않고 자금 사용처를 효과적으로 제한이 가능하다. 예를 들어 정부가 지급한 지원금은 지역 내 가게에서 쇼핑하거나, 식당에서 밥을 먹거나 할 수 있다. 유흥업소에서는 사용할 수 없게 하는 것이다. 또 하나의 혜택은 지급의 단계를 줄임으로써 효율성을 높일 수 있다. 한국은 중간에 카드사를 통해서 지급하였고 미국 또한 시중은행을 통해서 계좌가 있는 국민들에 한해 지급하였다. 정부가 국민에게 보조금을 직접 디지털로 지급함으로써 효율성뿐 아니라 금융서비스를 받지 못하는 국민들에게도 형평성 있게 제공할 수 있게 된다. 디지털 화폐에 대해서는 다음 챕터의 중앙은행 디지털화폐인 CBDC중앙은행 디지털화폐에서 더 자세히 다루겠다.

부자가 되기 위한 가장 쉬운 방법은 부자들을 따라 하는 것이다. 그들의 사고와 행동, 심지어는 투자와 재테크 방법까지 모두 벤치마킹하는 것이다. 이번 파트에서는 세계 최대 부자 기업이 무엇을 준비하고 어떤 비즈니스를 지향하고 있는지 알게 될 것이다. 그들이 본 디지털 화폐의 가치는 무엇이었기에 이렇게 다같이 뛰어들고 있는 것인가?

결론은 하나다. 성공한 사람을, 성공한 비즈니스를 따라 해라.

PART 4

디지털 화폐 전쟁은
시작되었다
(facebook, starbucks…)

CHAPTER 1

페이스북은 왜
디지털 화폐에 꽂혔을까

페이스북의 고민 (1) – 신뢰를 잃어가는 소셜미디어

페이스북은 최근 몇 년간 다양한 논란의 가운데에 있었다. 2016년 "페이스북의 가짜 뉴스 스캔들"은 미국 대선 정국을 흔들었다. "프란치스코 교황, 세계를 충격에 빠뜨리다. 트럼프 지지 발표", "위키리크스, 힐러리가 이슬람 국가IS에 무기 팔았다고 확인" 등 누가 봐도 가짜일 것 같은 뉴스들이 페이스북을 통해서 전파되었다.

이뿐만이 아니다. 영국에 기반을 두고 있는 데이터 분석기업 케임브리지 애널리티가CA가 선거 기간(미 대선 기간) 동안 페이스북에서 회원 정보를 불법으로 유출해 당시 공화당 후보였던 도널드 트럼프 후보를 지원하는데 활용한 것이 알려졌다. 케임브리지 애널리티가CA가 미국 내 페이스북을 이용하는 5000만 명의 데이터를 대량으로 수집한다는 건 놀라운 일이다. 그만큼 외부 업체들이 페이스북에 돈만 내면 이용자 데이터에 접근하기 쉽다는 것을 보여주었다. 이 사건이 일파만파 커지며 2004년 창사 이래 가장 큰 위기를 맞기도 했다.

이듬해인 2019년 역시 페이스북은 잠잠하지 못했다. 페이스북의 왓츠앱과 트위터가 유럽연합 EU의 일반개인정보보호법GDPR, General Data Protection Regulation을 위반했다는 혐의로 조사를 받았다. GDPR을 위반할 경우 해당 회사의 전 세계 매출액의 4%까지 벌금으로 부과할 수 있다. 페이스북의 경우 전년 매출(18년, 558억달러)을 근거로 할 때 20억 달러(약 2조4천억)를 벌금으로 물게 되는 건이었다. 당시 페이스북뿐만 아니라 구글, 트위터 등 글로벌 IT 기업들은 공통으로 유럽연합의 GDPR일반개인정보보호법 시행으로 인해서 큰 위축이 되었다. 이후 페이스북의 주가는 수개월간 30~40% 가까이 하락하게 된다.

20년 6월, 글로벌 주요 기업들의 페이스북에 대한 광고 보이콧이 시작되었다. 페이스북은 광고 매출이 차지하는 비중이 98%이다. 큰 타격이 우려되었다. 문제의 발단은 트럼프 미국 대통령의 게시물이다. 지난 5월 말 트럼프 대통령은 미국 조지 플로이드 사망 사건에 대한 대규모 항의 시위가 이어지자 시기 참가자들을 향해 "약탈이 시작되면 총격이 시작된다"는 경고성 글을 올렸다. 트위터에도 같은 내용을 올렸다. 이 내용은 큰 파문을 일으켰다. 당시 트위터는 트럼프 대통령의 발언을 규정 위반, 폭력 미화로 규정하고 조치를 한 반면 페이스북은 발언의 자유라며 다른 조치를 취하지 않았다. 이것이 화근이 되었다.

글로벌 대형 기업들의 연이은 광고 중단선언이 이어졌다. 코카콜라가 "소셜미디어 어느 곳에도 인종 차별을 위해 내줄 공간은 없다"며 유료 광고를 중단하겠다고 발표한데 이어 통신회사 버라이즌, 화장품업체 유니레버 등 100여 개 넘는 글로벌 대형기업이 가세했다.

하나라도 가볍게 넘길 만한 사안은 없었다. 각각의 토픽마다 큰 대응이 필요한 주제들이다. 하지만 페이스북의 진짜 고민은 따로 있다. 다음 장에서 진짜 고민에 대해 알아보자.

페이스북의 고민 (2) – 페이스북 매출의 98%는 광고 매출

페이스북은 매출의 98%가 광고 분야에서 발생하고 있다. 그중 페이스북이 71.6%, 인스타그램이 25.2%의 비중을 차지하고 있다. 문제는 2018년 이후에 광고 매출 성장세의 둔화가 명확히 보인다는 점이다. 2018년까지 50% 이상 성장하던 광고 매출은 2018년 이후 둔화세를 보여 지난 최근에는 10% 안팎까지 하락한 상태이다. 코로나19, 광고 보이콧, 개인정보보호법 등 다양한 이유가 있지만 결국은 전체 매출의 98%

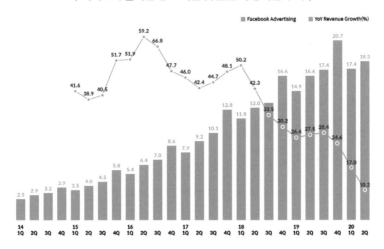

| 페이스북 분기별 광고 매출 및 전년 비 증가율 추이 |

출처 : Facebook quarterly ad revenue & YoY Growth Rate, Graph by Happist

비중을 차지하는 광고매출 성장이 줄고 있는 점이 페이스북의 아픈 부분이다.

페이스북은 많은 유저 데이터를 바탕으로 타깃화된 광고로 일반 온라인 광고보다 높은 광고단가를 유지함으로써 수익을 내고 있었다. 하지만 이제는 새로운 포지셔닝으로 수익원의 다변화가 필요한 상황이다. 페이스북의 저커버그는 "현재 모바일 시대에서 페이스북은 애플과 구글에 비해 뒤처질 수밖에 없는 구조"라고 평가하면서 "이는 애플과 구글이 주요 모바일 플랫폼을 선점하고 있기 때문이다"라고 말했다.

글로벌 스마트폰 OS 시장에서 IOS와 안드로이드의 합산 점유율은 99%에 달한다. 페이스북이 많은 유저(월간 활성 이용자 수 27억 명)를 보유하고 있더라도, IOS와 안드로이드 위에 애플리케이션에 국한될 수밖에 없다. 디지털 광고 수익 분야에서 구글의 아성을 넘지 못하는 이유이다.

페이스북은 새로운 전략적 포지셔닝이 필요하다. 그들이 가진 강력한 유저 네트워크를 이용한 다음 10년을 이어갈 전략 말이다. 사실 페이스북은 2014년 오큘러스라는 VR 회사를 인수함으로써 VR/AR 분야에서는 단연 기술적 우위를 가지고 있다. 미래 가상 현실 세계가 눈앞에 왔을 때 다른 기업보다 먼저 앞서 갈 수 있을 것이다. 하지만 그때가 오기까지는 시간이 더 필요하다.

페이스북과 인스타그램에서 쇼핑… 페이스북 페이의 부상

페이스북이 가진 파워, 사실 페이스북의 월간 활성 유저수(MAU)를

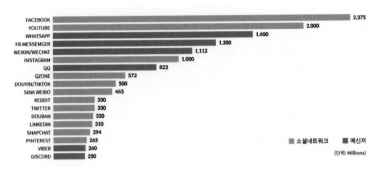

│ 글로벌 소셜 플랫폼 활성화 유저수 │

출처 : https://www.messengerpeople.com/

보면 더 놀랄 수밖에 없다. 페이스북의 지난 20년 2분기의 월간 활성 유저수는 27억 명에 달한다. 2019년 7월 기준의 글로벌 소셜, 메신저 앱 전체의 월간 활성 유저수^{MAU}를 비교하면 상위 6개 서비스 중 4개가 페이스북의 패밀리 앱(페이스북, 인스타그램, 왓츠앱, 페이스북 메신저)이라는 것을 알 수 있다. 특히 메신저 앱은 페이스북 패밀리 앱들이 경쟁사 대

│ 지역별 1등 메신저 애플리케이션 │

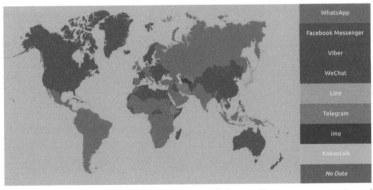

출처 :: https://www.messengerpeople.com/

비 압도적인 점유율을 보이고 있다. 우리나라의 카카오톡은 5000만 유저를 대상으로 다양한 사업을 펼치고 있다. 그에 비해 페이스북은 왓츠앱 하나만으로도 글로벌 16억 명의 유저를 보유한다. 이 네트워크를 활용한 비즈니스는 대단할 것으로 짐작된다.

그림은 국가별로 메시징 1등 앱이 점유한 국가를 세계 지도 위에 색으로 구분했다. 한국 카카오톡, 일본과 동남아시아 일부 라인, 그리고 반미 감정이 강한 중동의 텔레그램, 중국의 위챗을 제외하면 모든 지역은 페이스북의 패밀리 앱이 국가의 top 메시징앱으로 자리 잡고 있다.

이커머스와 간편결제를 강화해 나가는 페이스북

먼저, 페이스북은 이커머스(전자상거래) 비즈니스를 본격화한다.

지난 20년 5월 미국과 유럽 국가에 첫선을 보인 이커머스 페이스북 샵스facebookshops를 국내에도 지난 6월 첫 출시하였다. 이제 페이스북과 인스타그램에서 무료로 쇼핑몰을 개설할 수 있다. 판매상품을 아마존이나 지마켓에 올리는 게 아니라, 인스타그램이나 페이스북에 일종의 하나의 가게를 갖는 형식이다. 온라인쇼핑 패러다임이 소셜미디어를 중심으로 한 시장으로 옮겨가는 지금이 아주 좋은 타이밍이다. 현재는 별도의 광고비나 수수료는 책정되지 않았다. 페이스북의 27억 명의 월간 활성 사용자 수MAU를 강점으로 확장하는 영역이다. 네이버쇼핑으로 돌풍을 일으키고 있는 네이버의 월 활성 사용자 수는 지난 6월 기준 3016만 명(안드로이드 OS, MAU 기준)에 그친다. 그에 비하면 페이스북 샵스의 잠재가치는 상당히 높다.

페이스북은 '페이스북 샵스'를 통해 글로벌 판매자와 소비자를 연결하고 싶다. 단순히 북미는 북미 판매자와 소비자끼리의 연결, 국내는 국내 판매자와 소비자끼리의 연결만 하고 싶은 것은 아니다. 국경을 넘어선 판매자와 소비자의 연결, '크로스보더 이커머스'의 시장을 공략할 것이다. 글로벌 27억 명의 유저가 메신저와 소셜네트워크 기반으로 연결된, 더욱더 강력한 아마존이 되는 것이다.

크로스보더 이커머스의 완성을 위해서는 글로벌 결제 시스템이 필요하다. 페이스북은 지난 19년 11월 미국에서 간편결제 서비스, 페이스북 페이를 출시했다. 페이스북과 페이스북 메신저에서 기금 모금, 게임 아이템 구매, 이벤트 티켓, 개인 간 송금, 마켓플레이스 상품 구매 등이 가능하다. 향후에는 인스타그램과 왓츠앱에서도 적용될 것으로 보인다.

아직 국내를 포함 다른 국가에는 출시하지 못했다. 각국의 금융 관련법의 적용을 받기 때문에 시간이 더 걸릴 것으로 예상된다. 강력한 메신저를 기반으로 한 간편결제의 파괴력은 위챗페이, 카카오페이 등을 통해 우리는 경험을 했다. 카카오페이의 고성장 비결은 카카오톡이라는 국민 메신저 앱이 있었기에 가능하다. 페이스북의 간편결제 페이스북 페이는 크로스보더 이커머스 전략과 함께 페이스북의 새로운 전략적 포지셔닝을 위해 중요하다. 저커버그가 말했듯이, OS의 99% 이상을 애플과 구글이 점유하는 이상, 광고수익만으로는 성장의 한계가 있다. 글로벌로 연결된 27억 명의 사용자 수를 바탕으로 파괴적인 금융 서비스를 제공하는 것을 바라볼 수밖에 없다.

페이스북이 추구하는 생태계의 마지막 단계는 '디지털 화폐'

지난 20년 5월 페이스북의 연례 주주총회에서 저커버그는, 페이스북의 마켓플레이스에서 스테이블 코인 리브라의 결제 가능성을 언급했다. 디지털 화폐 리브라는 페이스북 메신저 생태계를 통합하는 마지막 단계가 될 가능성이 높다. 디지털 결제 플랫폼으로의 변신의 중요한 역할을 할 것이다. 지난 20년 8월 11일, 디지털 결제 및 전자상거래 전문 그룹인 "페이스북 파이낸셜"이 출범했다. 페이스북 파이낸셜은 페이스북내 모든 결제 프로젝트를 맡고, 전사상거래 페이스북, 인스타그램 샵스 등과의 연결을 확대할 것이다. 그 수장에는 페이스북 디지털 자산 프로젝트 '리브라'를 총괄했던 전 페이팔 CEO 출신 데이비드 마커스가 맡는다. 페이스북 파이낸셜을 통해 무엇을 이루려고 하는지 간접적으로 알 수 있는 대목이다.

현재 글로벌 메신저들이 구축해둔 플랫폼 생태계를 통합하는 마지막 단계는 디지털 화폐이다. 블록체인은 국경 없는 디지털 화폐를 구현하는 가장 적합한 기반 기술이자 특성상 다른 글로벌업체의 플랫폼과 화폐로 연계될 수 있기 때문이다. 페이스북의 리브라Libra 프로젝트는 이 모든 것을 연결해줄 결정체 역할을 할 것이다.

리브라 현상은 IT공룡들의 꿈을 대신한다.

[IT 공룡들의 꿈] 리브라 현상은 몇 가지 의미가 있다. 그중 가장 핵심은 페이먼트 분야이다. 글로벌 IT 공룡들의 페이먼트 전쟁은 이미 시작되었다. 지금의 신용카드 방식을 플라스틱 머니라고 한다. 신용카드는

1960년대부터 쓰이기 시작했다. 그리고 1990년도 온라인시대에 접어들면서 쇼핑 등 강력한 지불수단으로 두각을 나타내었다. 종이돈을 플라스틱 머니가 대체했다. 이후 플라스틱 머니를 애플페이나 삼성페이 같이 스마트폰 기기들이 대체할 것이다. 새로운 지불수단 경쟁에서 굴지의 글로벌 기업이 이미 참여하고 있다. 그러한 싸움에 도전장을 페이스북이 페이스북의 방식으로 내민 것이다.

삼성의 2019년 스마트폰 출하량은 2억 9천만 개로 글로벌 출하량의 약 20%를 차지한다. 애플 역시 약 2억 개를 판매하여 13%의 점유율을 유지하고 있다. 애플페이와 삼성페이는 이들을 도구로 글로벌 결제시장에서 경쟁하고 있다. 스마트폰이 신용카드의 역할을 하고 있는 것과 다름없다. 하지만 한계가 있다. 결제가 이루어져도 결국 비자와 마스터카드가 구축해 놓은 금융망을 이용해야 하기 때문이다. 그들이 만약 고객의 예금을 가지고 있으면서, 애플뱅크 삼성뱅크가 된다면 비자와 마스터의 금융망을 통하지 않아도 된다. 그런데 이것을 애플과 삼성이 몰라서 못 하는 것일까? 왜? 큰 장벽은 은행은 정부의 허가사업이고 그래서 IT기업이 손쉽게 진출하지 못하기 때문이다.

또 하나의 한계에 부딪힌다. 애플 사용자는 전 세계에 퍼져 있다. 미국 안에서는 달러로 결제하면 된다. 하지만 국경을 넘어가면 얘기가 달라진다. 국경을 넘는 결제에 탁월한 것이 글로벌 금융망이다. 비자와 마스터가 그 역할을 하는데 그것이 그들의 경쟁력이다. 어찌 보면, 사용하면 할수록 비자와 마스터카드 좋은 일을 시키는 것이다. 한국의 카카오페이나 중국의 위챗페이는 간편결제를 제공함으로써 단순한 앱의 지위를 뛰어넘고 있다. 기프티콘이나 쇼핑몰 기능도 존재한다.

하지만 위챗페이의 핵심은 간편결제 시스템을 독점하는데 있다. 페이스북도 이걸 하고 싶어 하는 것인데 문제가 있다. 위챗이나 카카오페이는 원화와 위안화 같은 국가 화폐에 기반하고 있다. 만약 페이스북이 간편결제 시스템을 도입하려면 전 세계 화폐를 지원해야 한다. 환율과 불확실성의 문제가 중대된다. 페이먼트 전쟁이 단순히 플라스틱 머니를 스마트폰 머니로 교체하는 것이 아니라 금융업을 해야 한다는 것을 보여준다. 금융업을 스마트폰 업체가 하거나 IT 공룡들이 하면 은행보다 훨씬 더 잘할 수 있다.

CHAPTER 2

페이스북 리브라2.0 무엇이 바뀌었나

페이스북 리브라, 원대하고 고귀한 목표

[페이스북 리브라Libra¹⁰가 무엇]

2019년 6월 18일 페이스북은 디지털 화폐 시장에 한 획을 그을 만한 중대 발표를 했다. 페이스북 리브라의 백서는 다음과 같이 시작한다.

"아직 가장 기본적인 금융 서비스조차 받을 수 없는 사람들이 전 세계에 17억 명이나 있다. 그리고 인터넷과 모바일의 발전은 세계인의 삶을 혁신적으로 개선했지만 그럼에도 불구하고 아직 금융에는 풀지 못한 숙제들이 많이 있다. 그리고 그것을 우리가 해결해보고자 한다."

MIT 미디어랩의 '디지털통화이니셔니브' 수석 고문을 맡고 있는 마이클 케이시는 리브라에 대해 "원대하고 고귀한 목표"라고 표현했다. 또

---

10 리브라Libra 페이스북이 발행할 계획인 암호화폐, 스테이블 코인이다.

한 "은행 서비스를 이용하지 못하는 17억 명을 세계 경제에 편입시키면 나타날 결과는 그야말로 엄청날 것"이라고 말했다.

금융서비스에 소외된 해외노동자들은 페이스북 리브라 프로젝트가 해결하려고 하는 지점이다. 자기 나라에는 일자리가 없어 돈을 벌러 외국으로 나온 해외노동자는 은행 계좌를 만들기도 쉽지 않다. 일해서 번 돈을 고국의 가족에게 보내는 일은 적지 않는 시간과 수수료라는 과정을 거친다. 가족이 있는 고국의 마을이나 도시에 은행이 아예 없고 있더라도 이용하기 힘든 환경일 가능성이 크다. 돈을 찾는다고 해도 보관할 곳이 마땅치 않고 이런 환경은 그들이 빈곤을 벗어나는데 큰 제약이 된다. 이러한 사례들이 금융서비스를 제대로 받지 못하고 있는 17억 명에게 늘 발생하는 일들이다.

'포용적 금융, No one left behind'(아무도 소외되지 않아야 한다)
-2015년 유엔총회 지속가능발전목표의 핵심의제이자 '포용적 금융(Financial Inclusion)'의 가치를 압축한 말이다.

페이스북은 리브라 프로젝트를 통해 전 세계 금융 취약 계층에게 금융 서비스를 제공하겠다고 한다. 글로벌 컨설팅사인 엑센추어 Accentue 의 보고서에 따르면, 포용적 금융을 통해 금융취약계층과 중·소상공인의 금융 니즈를 충족시킬 경우 연 450조 원에 달하는 새로운 매출이 발생한다. 페이스북의 의도를 정확히 표현하면 "포용적 금융을 통해 돈을 벌겠다"이다.

구체화된 리브라 프로젝트, 은행과의 전쟁을 야기하다.

금융에 소외된 이들에게 새로운 대안을 제시한다는 것은 누구도 반대할 수 없는 인류에게 의미 있는 목표이다. 무함마드 유누스가 2006년 노벨평화상을 수상한 이유이기도 하다. 그는 빈민들에게 소액대출 운동과 함께 빈곤 퇴치에 앞장 선 공로를 인정받았다. 페이스북이 2019년 리브라 프로젝트를 발표한 것을 한마디로 정리하면 "세계통화"였다. 암호화폐의 대표주자 격인 비트코인은 극심한 가치 변동성으로 인해 글로벌 통화가 되기에는 한계가 있다는 지적이 줄곧 있어 왔다. 이런 한계를 넘기 위해 가치가 안정화된 스테이블 코인이 주목을 받았다. 대표적인 스테이블 코인으로는 1테더에 1달러의 가치를 갖는 테더Thether가 스테이블 코인의 시초이다. 즉 은행에 법정화폐 1달러를 넣어두고, 그에 상응하는 가치만큼 발행하게 된다.

페이스북은 여기서 한발 더 나아갔다. 특정국가의 법정화폐에 가치가 고정된 스테이블 코인은 세계통화가 되기 어렵다고 판단했다. 그래서 세계에서 가장 안정적인 법정통화와 국채 등으로 구성된 '리저브'를 만들었다. 리저브에 가치가 고정된 암호화폐 '리브라'를 만들기로 했다. 즉 세계에서 가장 안정적인 자산을 만들겠다는 의도였다. 하지만 이 시도는 각국 정부의 반대에 극심히 부딪혔다. 국제 질서는 통화 패권과 맞물려 있다. 각국의 국내 정치에서도 통화정책은 민감한 사안이 될 수밖에 없다. 국적 없는 새로운 통화의 등장을 반기는 정부는 어디에도 없었다.

리브라 프로젝트는 각국 금융당국의 따가운 눈초리를 받고 있다. 금융 안정성을 저해한다는 우려 때문이다. 리브라는 적어도 신흥국의 통화보다는 높은 안정성을 가질 가능성이 크다. 이렇게 되면 신흥국의 자금이 리브라로 이동하게 되면 위기를 더 키울 수 있는 부분이다. 이는 각국의 통화정책조차 무력화시킬 수 있다.

리브라는 지금까지의 암호화폐와는 다르다.

리브라는 비트코인 등 지금까지의 암호화폐와는 다르다. 그간 비트코인과 같은 암호화폐가 보인 한계는 명확했다. 화폐는 세 가지 기능을 충족해야 한다. 물건을 사고팔 수 있는 '교환의 매개', 자산으로서 '가치

비트코인 vs 이더리움 vs Libra1.0

구분	₿	◆	≋libra
블록체인	비트코인 블록체인	이더리움 블록체인	리브라 블록체인
합의 알고리즘	작업증명 (PoW)	작업증명 (PoW) 추후 지분증명(PoS)으로 전환 예정	리브라BFT (지분증명 BFT)
거버넌스	퍼블릭	퍼블릭	허가형 추후 퍼블릭으로 전환 예정
노드 수	10,284개	6,495개	100개 (추후 변동 가능)
TPS	3-5년 (최근 1년 평균 3.26)	15-20	1,000\1,500
사용 언어	스크립트 언어	Go, Solidity, 파이썬 등	Move
튜링완전성	낮음	높음	높음
스마트계약	온체인에서 지원 어려움	지원 가능	지원 가능
토큰 신규 발행	채굴	채굴	수요/공급 확인 후 합의
토큰 수량	2,100만개	제한 없음	제한 없음
가격 변동성	높은 위험	높은 위험	낮은 위험
탈중앙화	고		저
확장성	저		고
담보	없음	없음	리브라 리저브 (선진국 국채 & 주요국 하드커런시)

출처 : 미래에셋

의 저장', 물건 가격을 안정적으로 매기는 '가치의 척도'가 그것이다. 하지만 일반 암호화폐는 하루에도 큰 폭으로 급등락하면서 가치가 불안정하고, 소수의 사람들이 쓰기 때문에 보편적 신뢰를 얻기 어렵다는 부분이었다.

하지만 리브라 프로젝트를 보면 이런 문제를 상당부분 해결한 것을 알 수 있다. 첫째는, 낮은 변동성이다. 리브라는 준비금을 바탕으로 한 가치가 일정하게 유지되는 스테이블 코인으로 발행된다. 리브라 2.0에서 각국 통화에 연동되는 스테이블 코인으로 변경되었지만 리브라가 추구하는 가치는 여전히 주요국 통화로 구성된 은행예금이나 국채 등으로 바스켓을 구성하여 글로벌 단일 통화를 만드는 꿈이 여전히 있다. 어쩌했든 리브라는 일정 가치가 유지되는 스테이블 코인으로 발행된다.

둘째는 높은 범용성이다. 리브라가 화폐로 기능할 가능성이 높은 이유도 이 범용성 때문이다. 전 세계 페이스북의 월 활성 사용자가 27억 명, 왓츠앱과 인스타그램은 각각 15억 명, 10억 명이다. 여기에다 리브라 협회 회원사의 면면을 보면 리브라 코인이 얼마나 범용적으로 사용이 가능할지 짐작이 되는 대목이다.

하지만 리브라 프로젝트가 발표된 뒤 규제의 불확실성으로 인해 주요 기업들이 탈퇴하였다. 페이팔, 마스터, 비자, 이베이, 보다폰 등 주요 기업들이 빠지면서 리브라는 초창기 협회 가입 기업의 웅장함은 사라졌다. 하지만 이후에도 쇼피파이 등 쟁쟁한 업체들의 합류는 이어지고 있다. 주요 결제기업이 탈퇴하고 이커머스 기업이 합류하는 모양새다.

| 초창기 리브라 협회 기업 리스트 |

출처 : Libr.org

낮은 변동성과 높은 범용성을 이루려다 보니 약해지는 영역이 있다. 탈중앙화의 정도이다. 리브라는 비트코인과 이더리움처럼 누구나 거버넌스에 참여 가능한 퍼블릭 블록체인이 아니다. 리브라 협회의 특정 조건에 부합하는, 그들의 동의가 있어야 총 100개로 운영 예정인 검증 노드에 참여할 수 있다. 즉 허가형 블록체인이다. 리브라 1.0에서는 5년 후 비트코인, 이더리움과 같은 퍼블릭 블록체인으로의 전환을 밝혔지만, 리브라 2.0에서 퍼블릭 블록체인으로 전환 계획은 포기를 하게 된다. 이는 탈중앙화 정도의 약해짐을 뜻한다. 탈중앙화보다는 성능과 범용성을 택했다.

Libra2.0과 초국가 디지털은행 꿈꾸는 페이스북

- 리브라 1.0이 발표된 후 각국 금융당국의 반발은 거셌다.
- 통화정책, 금융안정, 국제 통화시스템, 공정경쟁에서 위험을 초래할 수 있고 적절한 운영 규제 필요 - G7, 2019.10
- 국내통화 대체 문제, 소비자/투자자 보호, 데이터 프라이버시/보호, AML, CFT, 반독점법 문제 등 도전 -금융안전위(FSB), 2019.10
- 미 달러에 미치는 영향, 시스템 위험성, 자금세탁, 데이터프라이버시 보호 등에서 우려를 표현 -미국 의회, 2019.07
- 스테이블 코인을 사용하는 결제망은 전통적인 결제망과 동일 수준으로 규제되어야 함 -영국 BOE, 2019.12
- 통화주권 침해와 금융리스크를 우려하며 반대 성명 발표 -독일 재무부, 2019.9-
- 국제사회의 리브라 규제 논의에 적극 참여할 계획을 밝힘 -한국은행, 2019.10-

- 자료정리 : KB경영연구소

경쟁구도의 전환이 이루어졌다. 국가의 화폐와 경쟁하던 리브라는 페이팔, 애플페이와 같은 글로벌 페이먼트기업과의 경쟁으로 전환했다.

Libra2.0의 주요변화		
구분	Libra1.0	Libra2.0
성격	심플한 글로벌 통화(글로벌 단일 화폐)	국가별 단일 통화 스테이블 코인 (리브라USD, 리브라EUR, 리브라SGD 등)
리브라 준비금	통화바스켓 (달러 50%, 유로 18%, 엔화 14%, 파운드 11% 등)	단일 스테이블 코인별 리저브 생성
경쟁상대	각국의 화폐 (달러, 파운드, 유로 등)	주요 페이먼트 기업 (페이팔, 애플페이, 구글페이, 카카오페이 등)
블록체인	퍼블릭 블록체인 전환 예정(5년 후)	퍼블릭 블록체인 전환 포기
지갑명	칼리브라(Calibra)	노비(Novi)

리브라 2.0, 지난 2020년 4월 16일 리브라 협회는 규제 현실을 반영하여 리브라 2.0 백서를 내놓았다. 1년 전 리브라 프로젝트 출시 때 가졌던 이상적인 비전들이 현실에 맞게 축소 반영된 느낌이었다. 가장 크게 바뀐 부분은 두 가지이다.

첫번째는 다중 통화 바스켓을 통한 글로벌 단일 통화에서, 단일 통화에 연동된 스테이블 코인으로의 전환이다. 즉, 리브라 중심의 글로벌 단일 디지털 화폐 개념에서 개별 법정화폐와 1:1로 연동되는 여러 개의 디지털 화폐로 전환된다는 의미다. 애초 리브라Libra는 달러 50%, 유로 18%, 엔화 18%, 파운드 11%의 비율로 하나의 각국의 법정화폐, 국채 등을 바스켓에 담아서 리저브를 구성하려 했다. 그것을 기반으로 한 글로벌 단일 통화를 추구했다. 하지만 이는 각국의 금융당국의 강력한 반대에 부딪혔다. 국가의 통화 패권에 영향을 줄 수 있기 때문이다. 그래서 한발 물러선 국가별 단일 통화에 연동된 스테이블 코인으로 전환했다. 예를 들어 1달러에 연동된 리브라의 달러 스테이블 코인, 1원에 연동된 리브라의 원화 스테이블 코인이 되는 형식이다. 결국 달러와 연동된 리브라 스테이블 코인이 가장 활성화될 것으로 예상할 수 있다. 그 얘기는 달러가 가장 많이 바스켓에 담긴다는 뜻이다. 달러를 평소 쓰지 않던 17억 명의 금융이 소외된 이들에게 리브라 달러는 더 쓰일 것이다. 리브라 1.0에 보다 더 달러를 강화하게 될 것이다.

리브라 2.0의 두 번째 변화는 퍼블릭 체인으로의 전환 포기이다. 리브라 백서 1.0에 의하면 현재 허가제인 체인을 5년 내에는 비허가제, 즉 비트코인과 같은 퍼블릭 체인으로의 전환이 계획되어 있었다. 하지만 누구나 네트워크에 참여할 수 있는 만큼 테러범이나 범죄자까지도 운영자로 개입될 수 있기 때문에 퍼블릭 전환 계획은 포기했다. 결국 규제 당국에서 우려하는 부분에 대해서 어느 정도 현실과 타협한 모델로 보인다.

리브라 2.0을 통해 페이스북은 디지털 금융 제국의 완성을 노린다. 앞선 파트에서도 다뤘지만 페이스북은 글로벌 27억 사용자를 연결하여 이커머스+간편결제에 집중한다. 디지털 화폐는 이커머스와 간편결제의 마지막 퍼즐을 맞추는 도구가 될 것이다.

또한 페이스북은 2014년 VR기기 업체 오큘러스를 인수하여 VR/AR 분야에서 단연 압도적인 인프라를 보유하고 있다. 지금의 오프라인 중심 세상은 코로나19로 인해 빠르게 디지털 환경으로 변화하고 있다. 가상세계의 시장이 커진다. 리브라는 가상현실에서의 상당한 역할을 할

| 가상현실 영화, 레디플레이어원 |

감독: 스티븐스필버그

수 있을 것으로 보인다.

스티븐 스필버그의 '레디 플레이어 원'이라는 SF영화가 있다. 오아시스라는 가상현실 게임이 지배하는 2045년의 미래 시대가 배경이다. 아침에 일어나면 VR기기를 쓰고 가상현실로 출근하고, 놀러가고, 여행을 간다. 거기에서 일하고, 게임하고, 놀면서 게임머니를 벌고 그 돈으로 주문을 하면 현실 세계(오프라인)에 상품이 도착한다. 가상세계의 돈만을 모으는 전문기업들도 출현한다. 미래에 가상현실이 주도하는 세상이 어떤 모습일지 상상하게 해주는 영화이다. 우리는 점점 가상의 화폐, 즉 디지털 화폐에 익숙해질 것이다. 지금의 우리 아이들을 보면, 게임 속에서 주어지는 가상의 돈을 얼마나 신뢰하는지 간접적으로 알 수 있다.

가상현실의 인프라뿐만 아니라 글로벌 인구의 절반이 넘는 인구를 연결하고 있는 페이스북의 미래가 그려지지 않는가?

CHAPTER 3

스타벅스는 자신만의 화폐를 꿈꾼다

스타벅스는 어떤 곳?

스타벅스는 세계에서 가장 큰 다국적 커피전문점이다. 전 세계 32,000개의 점포를 가지고 있는 글로벌 1위 업체이다. 초기 스타벅스는 원두를 파는 소매점이었다. 스타벅스 창업자 제리 볼드윈, 지브 시글, 고든 보커는 아라비카 원두를 좋아했다. 미국에서 아라비카 원두를 구매하기 위해서는 캐나다에서 수입해야 했다. 스타벅스는 아라비카 원두를 구해 와서 미국에서 유통했다. 이때까지만 해도 원두 소매판매기업에 불과했다.

1987년 사업가인 하워드 슐츠가 인수한 후 커피전문점으로서 새로운 역사를 써 내려갔다. 그는 "직원은 1순위, 고객은 2순위다. 높은 고객만족도는 직원에게서 나온다!" 직원 교육의 중요성을 누구보다 강조했던 CEO로 유명하다. 그 후 하워드 슐츠는 스타벅스를 세계에서 가장 큰 커피전문점으로 올려놓는다.

그리고 스타벅스는 디지털 혁신의 선두주자로 또 한 번의 변신을 꾀

한다. 스타벅스 혁신, 디지털 트랜스포메이션이다. 그즈음 스타벅스를 설립한 하워드 슐츠는 2017~2018년에 걸쳐서 케빈 존슨 CEO에게 자리를 넘기고 회장직에서도 물러났다. 주가는 당시에 -9%가 넘게 급락하기도 했다. 주가의 반응과는 다르게 미래의 스타벅스를 기대하게 하는 사건이기도 했다. 케빈 존슨 CEO는 IBM 소프트웨어 개발자로 주니퍼 네트웍스와 마이크로 소프트에서 30년 넘게 일해온 IT 전문가이다. 이를 바탕으로 현재 스타벅스의 디지털 트랜스포메이션과 모바일 전환을 이끌고 있다. 외신들은 이렇게 평가했다. "커피 거인에게 실리콘밸리 DNA를 주입하다." 스타벅스가 IT 핀테크 기업으로 변화할 수 있을까에 대한 기대감이 역시 존재했다.

비트코인 제국주의의 한중섭 저자는 그의 칼럼에서 다음과 같이 시작하며 사람들이 스타벅스와 비트코인의 관계에 대해 착각하는 것을 세상에 알렸다. "2018년 8월이었다. 스타벅스가 뉴욕증권거래소를 보유한 인터컨피넨탈 익스체인지ICE의 비트코인 선물거래소 백트Bakkt에 파트너로 참여한다고 했을 때 크립토 열성 팬들은 스타벅스에서 커피를 사 먹을 수 있는 날이 올 것이라고 흥분했다. 그 어디에도 쓸 만한 사용처가 없다는 것이 비트코인이 가진 최대 약점 중 하나였다. 글로벌 32,000개의 스타벅스 매장에서 비트코인을 사용할 수 있다면 비트코인 사용에 큰 획을 긋는 사건이기 때문이다."

하지만 스타벅스는 비트코인으로 커피를 사 먹는 지불결제 그 이상으로 큰 꿈을 꾸고 있다. 이어서 얘기할 백트Bakkt가 어떤 곳인지? 백트가 왜 스타벅스를 파트너로 선택했을지를 보면 스타벅스의 진짜 꿈이 무엇인지 알 수 있을 것이다. 페이스북의 저커버그가 스테이블 코인 리브라 프로젝트를 발표하는 정공법을 택해서 엄청난 공격을 받았다면 스타벅스는 우회하여 목표 지점으로 가는 중이다. 어찌 보면 이것이 지혜로울지도 모른다.

스타벅스의 디지털 트랜스포메이션 – 현금없는 매장 스타벅스

스타벅스는 일찍이 2008년부터 CEO 직속 디지털 전환 전담조직(스타벅스디지털벤처스, SDV)을 구성했다. 하워드 슐츠의 디지털 전환에 대한 비전은 강했다.

혁신의 시작은 위기에서부터 나온다. 2008년 금융위기가 전 세계를 휩쓸 때 스타벅스 역시 매출이 급감했다. 당시 하워드 슐츠는 7개 혁신 아젠다를 발표한다. 그는 모든 과정에 디지털 혁신을 적용하기 위해 실리콘밸리 IT 기업들과 제휴하고 인재를 영입하면서 전면적인 디지털 트랜스포메이션을 시작했다. 이를 기점으로 스타벅스 서비스의 디지털화가 본격화되었다. 2012년에는 최고디지털 임원CDO에 아담 브로트먼Adam brotman을 임명하여 핵심 전략인 모바일결제, 로열티카드, e-커머스, 매장 내 디지털경험 강화에 발판을 마련하게 된다.

스타벅스 매장 이용자라면 알 수 있을 것이다. 현재 스타벅스의 상당수 매장은 현금을 받지 않는다. 현재(20년 5월 기준) 서울에 있는 507개 스타벅스 매장 중 70% 이상인 368개 매장은 현금을 받지 않는다.

필자의 스타벅스 앱에는 자동결제로 매월 일정 금액이 충전이 된다. 스타벅스의 주 결제 수단이 된 스타벅스 카드는 스타벅스 앱과 연동이

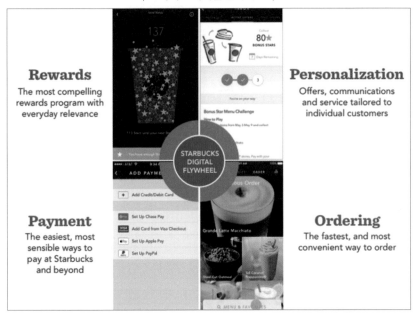

출처 : Starbucks

되어 있다. 스타벅스 커피 한잔 구매 시, 가상 쿠폰인 별 한 개를 제공한
다. 12개가 모이면 무료 음료 쿠폰이 증정된다. 스타벅스는 다양한 프
로모션을 통해 스타벅스 앱과 스타벅스 페이 활성화를 유도한다. 그것
은 고객 혜택 수단을 넘어 곧 고객 데이터요, 돈이기 때문이다.

스타벅스의 디지털화는 그들의 플라이 휠Digital Flywheel11 전략을 보면
한눈에 알 수 있다. 사람들이 커피를 구매하는 과정에 주목하여 모바일

---

11 플라이 휠Digital Flywheel 커피를 구매하는 과정에 주목하여, 모바일 기반의 주문, 결제, 리워드,
   개인화까지 하나의 선순환의 휠로 만듦

기반의 주문, 결제, 리워드, 개인화까지 하나의 선순환의 휠로 만들었다. 특히 처음 두 단계인 주문, 결제 과정은 스타벅스의 차별화를 명확히 볼 수 있다.

주문은 사이렌오더Siren Order와 드라이브 스루 서비스인 'My DT Pass'가 있다. 사이렌오더는 매장에 도착 전 스타벅스 앱을 통해 주문하고 매장에서 받는 서비스이다. 의도하진 않았겠지만 코로나19로 인해 매장 내에서 커피를 마시는 행위가 어려워지면서 사이렌오더는 딱 필요한 서비스가 되었다. 드라이브 스루 서비스인 My DT Passs는 차량 정보를 등록하면 매장 진입 시 자동 인식을 통해 별도 결제 과정 없이 자동 결제되는 서비스이다.

결제는 스타벅스 페이이다. 2019년 자료로 미국 내 스타벅스 모바일 결제 사용자 수는 2500만 명에 다다른다. 2500만 명이 스타벅스 앱에 내장된 선불카드로 충전하고 있다는 것을 알 수 있다. 미국을 넘어 글로벌로 확장한 수치는 더 대단할 것이다. 선불카드 적립금이 미국에서만 12억 달러, 전 세계적으로 20억 달러에 달한다고 한다.

한단계 더 나아가 스타벅스는 매장 내 결제수단을 비트코인과 같은 디지털 화폐로 바꾸려고 시도 중이다. 스타벅스는 간편 결제를 뛰어넘어 하나의 디지털 금융서비스를 제공할 가장 앞선 주자 중 하나이다. 다음 장에서 더 자세히 짚어보자.

CHAPTER 4

스타벅스는 왜 비트코인 거래소에 투자할까

스타벅스가 파트너로 참여하는 백트Bakkt는 어떤 곳?

2019년 9월 23일 첫선을 보인 비트코인 선물거래소이다. 뉴욕증권거래소를 소유하고 있는 ICE인터콘티넨털 익스체인지가 개발에 나서고, 스타벅스, 마이크로소프트의 벤처 캐피털인 M12, 보스턴 컨설팅그룹, 갤럭시 디지털, 그리고 크립토 펀드인 판테라 캐피털 등의 기관투자가로부터 1억8250만 달러를 투자받았다. 주요 파트너사들의 수준뿐 아니라, CFTC미국상품선물거래위원회와 뉴욕 금융청의 승인을 받았다는 것도 백트Bakkt의 강점으로 꼽힌다.

결국 백트는 기관투자가들을 대상으로 한 비트코인 거래소로, 기관투자가들의 본격적인 디지털자산 시장진입을 위한 루트를 제공할 것이다. 비트코인의 시장 수요에도 영향을 미칠 것으로 보인다. 백트보다 먼저 런칭한 시카고선물거래소CME의 비트코인 선물거래 상품은 현금결제를 바탕으로 한다. 즉 선물 만기일에 비트코인이 아니라 현금을 주고받는 방식이다. 반면 백트는 청산소 내에서 선물거래가 마무리될 때 비트코인 실물이 오가는 방식이기 때문이다. 백트는 비트코인 선물 거래뿐만 아니라 향후에 디지털 자산을 수탁 관리하는 커스터디 서비스까지 확장될 예정이다

백트는 왜? 맥도널드, 월마트…들 두고 스타벅스를 파트너로 선택했을까.

수많은 글로벌 IT 공룡들 중에서 단연 스타벅스가 넘사벽인 영역이 있다. 우리는 자신도 모르게 스타벅스 앱에 돈을 예금하고 있다. 서비스 편의성을 위해 자발적으로 하고 있다. 그런데 그 규모가 어마어마하다.

이 책을 읽고 계신 분들은 지인들에게 감사를 표현할 때 어떤 방법을 사용할까? 필자의 경우엔 카카오톡을 열고 선물하기를 누른다. 그러면 많은 종류의 기프티콘이 나타난다. 케이크, 아이스크림, 커피 등 요즘은 옷이나 가전용품도 판매한다. 그럼에도 가격부담이 적고 누구나 이용하기 편한 커피 기프티콘을 가장 자주 이용할 것이다. 특별한 날에 스타벅스 기프트카드를 주기도 하면서, 스타벅스는 애플리케이션 사용을 장려한다. 사이렌오더 기능을 이용해서 카운터에 가지 않고도 미리 주문을 할 수 있다든지, 애플리케이션에 미리 충전해서 내가 원할 때 언제든지 주문을 한다. 스타벅스 앱의 온라인 회원제 리워드 가입자 수는 20년 기준, 1억9400만 명으로 전년 대비 15% 증가하였다. 이 리워드는 한 번이라도 스타벅스에서 맴버쉽을 통해 구매한 사람의 수를 의미한다. 이뿐만이 아니다. 미국 내에서 애플페이 다음으로 모바일 결제가 많은 플랫폼이다.

몇 가지 수치를 더 들여다보자. 리워드 멤버십의 40%가 선불카드 결제로 이루어지고 있다. 이 책을 읽는 독자들이라면 한 번 이상의 경험을 가지고 있을 것이다. 미리 3만 원, 5만 원짜리 선불카드를 사고 신용카드 대신에 커피 살 때 결제를 한다. 이 선불카드 적립금이 글로벌 20억 규모이고, 이 숫자는 계속 증가하고 있다. 마치 여러분이 스타벅스에 예금하고 있는 것과 마찬가지다. 하지만 여러분은 그에 따른 이자는 받지 않았다. 여러분은 그냥 미래에 커피를 사 먹기 편리하니까 스타벅스에 나의 자산을 예치한 것이나 마찬가지다. 이것이 스타벅스의 비상한 능력이다. 고객의 돈을 이자를 지급하지 않으면서도 자연스럽게 예치하게 만드는 능력. 이것은 은행으로 비교하면 고객에게 이자를 주지 않고도 수탁고를 지속해서 높이고 있는 것과 다름없다. 이 규모는 미국의 웬만한 로컬은행의 수탁고와 맞먹는 수준이다. 스타벅스는 마치 금융의 규제를 받지 않은 글로벌 은행의 느낌이 드는 것도 이러한 이유 때문이다.

스타벅스의 진짜 꿈은 비트코인 은행

스타벅스가 직면한 가장 큰 문제는 국가 간 애플리케이션의 호환성 문제이다. 예를 들어 스타벅스 매장이 위치한 전 세계의 통화를 통합적으로 관리하기 위해선 각 지역의 금융 규제와 환전 비용을 고려해야 한다. 그러다 보니 고객은 미국 스타벅스 앱에서 선불카드로 돈을 충전했는데 이를 한국의 스타벅스 매장에서는 사용할 수 없는 현상이 발생한다. 이러한 호환성의 문제는 서비스의 확장과 연계를 가로막는 걸림돌이 된다.

이에 대한 해결책으로 블록체인 기술이 제시되었다. 스타벅스의 창립자이자 전 회장이었던 하워드 슐츠는 2018년 폭스비즈니스Fox Business 와의 인터뷰에서 '블록체인 기술이 스타벅스 통합 앱의 기반이 될 수 있는 솔루션'이라고 밝혔다. 기존의 금융망은 여러 중개자를 거쳐야 하는 복잡한 결제망인데 이를 블록체인으로 간소화한다면 비용을 줄일 수 있을 것으로 전문가들은 예상한다. 더불어 스타벅스가 안고 있던 국가 간의 호환성 문제도 어느 정도 해결이 될 것이라는 관측도 있다. 전 세계 매장을 통해 축적한 다양한 통화로 구성된 예치금의 활용도를 디지털 자산을 통해 높일 수 있을 것이라는 기대를 갖고 있다.

이것을 실행에 옮긴 첫 단추가 2018년 8월, 암호화폐 거래소 '백트Bakkt'의 파트너로 참여한다고 공식 발표한 것이다. 백트는 미국 뉴욕증권거래소NYSE를 비롯해 23개의 글로벌 거래소를 소유한 '인터콘티넨탈 익스체인지ICE, Intercontinental Exchange와 마이크로소프트MS, 스타벅스, 보스턴 컨설팅BCG이 합작해 만든 거래소이다.

필자의 생각은 스타벅스는 디지털 자산에 특화된 모바일 금융 플랫폼이 되었을 때 가장 큰 파괴력을 낼 것이라 본다. 스타벅스 앱에 비트코인 지갑이 추가되었다고 생각해 보자. 각국의 다양한 화폐로 충전한 금액을 비트코인으로 환전이 되고 국경이 없는 이 가상의 통화는 전 세계 어느 곳이든 이동이 가능할 것이다. 스타벅스 앱에서 커피를 구매해 먹었을 때 리워드를 비트코인으로 준다고 상상해 보자. 그 리워드의 가치는 시간이 지날수록 상승할 것이고, 한국에서 받은 리워드를 미국에

서, 중국에서도 사용이 가능할 것이다. 나아가 자산관리, 대출, 보험 등
디지털 자산에 특화된 다양한 금융사업에 뛰어들 것이라는 관측이 예
상되는 이유이기도 하다.

스타벅스, 아르헨티나에 '스타벅스 뱅크'를 열다.

SK시큐리티의 스마트파이낸스 리서치를 인용해 본다. 아르헨티나는
결국 9번째 디폴트[12]를 선언하고 말았다. 9번의 디폴트를 당하며 최근
몇 년간 아르헨티나 페소의 가치는 크게 하락했다. 급기야 아르헨티나
중앙은행BCRA은 개인의 외화 매입 규모를 월 1만 달러로 제한하는 등
외환규제를 했다.

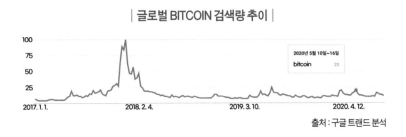

출처 : 구글 트랜드 분석

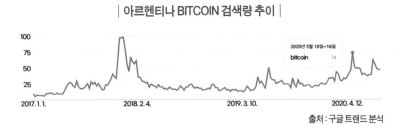

출처 : 구글 트랜드 분석

---

12 디폴트default 채무 불이행

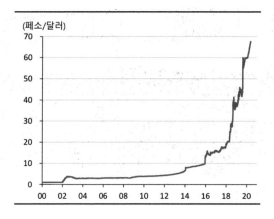

| 아르헨티나 페소가치 하락, SK증권 / SMART FINANCE |

(페소/달러)

디폴트 가능성의 고조, 자국 페소 가치의 급락으로 아르헨티나에서는 어떤 일이 벌어졌을까. 비트코인에 대한 수요가 크게 증가했다. AMB 크립토에 따르면 디폴트를 앞둔 지난 5월 주간 거래량이 2018년 1월 이후 무려 1,000% 이상 폭등했다. 동기간 구글 트렌드 분석 결과를 보면 이해가 잘 될 것이다. 비트코인이 글로벌하게 불장이었던 2017년 말을 100으로 봤을 때, 아르헨티나의 비트코인 검색은 74를 넘어섰다. 글로벌 평균이 20인 점을 감안하면 높은 수준이다.

주목해 볼 현상이 또 있다. 자국의 경제 상황이 불안한 남미에서 현금을 아마존 캐시나 스타벅스에 충전해 현금 가치 하락을 막으려는 노력이 지속되고 있다는 점이다. 당장 남미 국가들은 경제적으로 어려운 상황에 직면해 있다. 아르헨티나의 페소 가치는 걷잡을 수 없이 하락하고 있다(그래프). 그나마 브라질과 아르헨티나는 상황이 좀 낫다. 최악의 경기침체에 빠진 베네수엘라는 연간 200만%에 육박하는 하이퍼 인

| 스타벅스 커피뱅킹, 뱅코 갈리시아 제휴, 아르헨티나 |

플레이션으로 볼리바르의 가치는 땅에 떨어졌다. 남미 국가들의 향후 경제 전망도 밝지만은 않다. 이런 상황에서 위 나라의 국민이 자국 통화를 신뢰할 수 있을까?

실제로 스타벅스는 2018년 10월 아르헨티나의 현지 은행인 뱅코 갈리시아Banco Galicia와 파트너쉽을 맺고 스타벅스 매장에서 은행 업무를 볼 수 있는 '커피뱅킹'을 오픈했다. 스타벅스 은행 지점은 성공적으로 운영 중이다. 아르헨티나 국민 입장에서는 스타벅스라는 거대한 글로벌 기업이 자국 은행보다 믿음직스럽기 때문이다. 어쩌면 화폐가치 하락을 피하기 위한 아르헨티나 국민의 현실적인 대안으로 볼 수도 있다.

CHAPTER 5

애플이 골드만삭스를 선택한 이유

골드만삭스의 훌륭한 디지털 자산 인프라

애플은 지난해(19년) 8월 골드만삭스와 손을 잡고 '애플카드'를 출시했다. 애플페이 애플리케이션을 통해 온·오프라인 가맹점에서 사용할 수 있다. 아쉽게 한국은 포함되지 않는다. 더구나 사용금액의 1~3%를 페이백하여 준다. 작년까지 미국 내에서 스타벅스 앱을 가장 많이 사용

| 연도별 미국 내 모바일 결제 앱 |

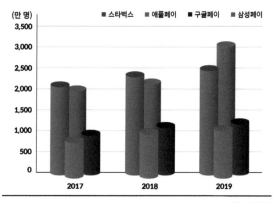

자료: SK 증권

했지만, 애플페이가 스타벅스 앱을 제친 이유가 여기에 있는 것 같다.

먼저 골드만삭스가 디지털 자산시장에서 그린 밑그림을 볼 필요가 있다. 골드만삭스가 어떤 기업인가? "이익 앞에 타협 없다." 골드만삭스의 DNA이다. 글로벌 어떤 기업보다 돈 냄새를 잘 맡고 돈이 되는 영역은 장벽을 설치하고 철저히 그들의 그라운드를 만드는 금융기업이다. 이익이 된다면 한두 개의 국가 정도는 어렵지 않게 파국을 만들 수 있는 힘을 가졌다. 그러한 골드만삭스의 행보에서 디지털 자산시장의 미래를 볼 수 있다.

골드만삭스의 CEO 로이드 블랭크 페인Lloyd Blankfein은 2017년 초 "골드만삭스는 기술회사technology firm이고 우리는 플랫폼platform이다"라고 선언하였다. 그 후 전사적 디지털 서비스 협업체계를 구축하고 IT 인력 역시 적극적으로 확보하는 움직임을 보인다. IB와 트레이딩 인력을 줄이는 대신 전체의 25%(9,100명)까지 IT 인력을 확충했다.

2018년 골드만삭스는 기업 및 기관투자자를 대상으로 하는 암호화

| 디지털 자산 스타트업 투자하는 골드만삭스 |

출처 : CP Research

폐 지갑 서비스인 '빗고BitGo'에 투자를 진행했다. 빗고는 기관들의 커스터디를 전문으로 하는 기업이다. 기존 금융업에서 커스터디란, 외국인들이 국내 주식을 매입할 경우 자금 및 주식 실물을 관리해 주면서 외화를 원화로 환전하거나 주식의 매입,매도를 대행해 주는 업무를 말한다. 빗고BitGo는 기관들의 암호화폐 자산을 안전하게 관리해 주는 솔루션을 제공하여 커스터디 업무를 한다. 자산의 수탁업무는 금융상품화가 되기 위한 첫 단계이다.

최근 몇 년 사이에 골드만삭스는 빗고BitGo뿐만이 아니라 써클(디지털 자산 금융 플랫폼), 액소니(기업용 블록체인 솔루션), 빔(비트코인 결제 및 송금) 등에 연이어 투자하면서 디지털 자산의 잠재력을 연구해 왔다.

골드만삭스는 소비자가 필요하고 애플은 금융이 필요하다.

골드만삭스는 소비자금융 부문의 확장을 지속적으로 꾀하고 있다. 2018년 데이비드 솔로몬이 최고경영자CEO가 되면서 핵심전략으로 떠올랐다. 금융위기 이후 은행 핵심인 트레이딩 부문과 투자금융 부문은 필요자본 요건이 강화되면서 수익이 줄어들 뿐만 아니라 주주들도 높은 변동성의 자본시장 부문 업무를 기피하는 성향이 커졌기 때문이다. 올해 골드만삭스는 트레이딩 부문의 기록적인 이익에도 불구하고 주가는 10% 하락했다. 주가는 장부가치 수준에 머물렀다. JP모건이 장부가치의 1.7배 수준에서 주가가 형성된 것과 대조적이다. JP모건은 골드만삭스와는 달리 포괄적인 은행 서비스를 제공하고 있다.

골드만삭스 입장에서는 소비자금융을 강화해줄 파트너가 필요했고 많은 유저를 보유한 애플은 탐나는 파트너였을 것이다.

체인파트너스의 "비트코인 테크핀의 시대를 앞당기다"라는 리서치에 따르면, "리테일 고객기반이 약한 골드만삭스 입장에서는 많은 유저를 보유한 ICT 기업이 효과적으로 고객을 모집해 주고 자사가 금융 서비스를 제공해 준 뒤 파이를 나눈다면 이상적이다. 매년 2억 개가 넘는 스마트폰을 팔고 충성도 높은 고객을 보유한 애플이 너무나 적합한 파트너였을 것이다"라고 언급했다.

반면 애플은 2014년에 애플페이를 출시했지만 전 세계를 대상으로 한 금융사업으로 제대로 확장하지 못했다. 비트코인과 같은 디지털 자산은 기존의 다양한 미들맨을 최소화하는 가운데 글로벌 금융으로 키우기 위한 좋은 수단이었다. 그런 면에서 디지털 자산의 다양한 인프라를 갖추고 있는 골드만삭스가 필요했을 것이다.

이후에도 골드만삭스는 디지털 자산시장에 대한 공략을 계속 강화하고 있다. 조직이 어떤 방향으로 갈 것인지를 예상하려면 그 회사가 어떤 인재를 채용하고, 권한을 부여하는지를 보면 알 수 있다. 지난 6월(2020.06) 골드만삭스는 디지털 자산 부서 책임자에 매튜 맥더모트 Mathew McDemott를 지명했다. 그는 2008년 금융위기 당시, 골드만삭스에서 유동성 메커니즘과 금융리스크 관리 분야를 담당한 15년 차 베테랑이다. 맥더모트로 인해 골드만삭스의 암화화폐 친화적 기조는 이어갈 것으로 판단할 수 있다.

CNBC와의 인터뷰 내용을 보면 그의 생각을 가늠할 수 있다.

"향후 5~10년 안에 모든 자산이 블록체인 기반으로 연결된 모습을 볼 수 있을 것이다."

"현재 오프라인으로 처리되고 있는 일들이 블록체인으로 디지털화되면서 엄청난 효율성을 가져다줄 것이다."

-매튜 맥더모트*Mathew McDemott*

미국의 거대금융의 두 축인 JP모건이 이미 JPM코인 발행을 언급한 다음이라 골드만삭스의 행보 역시 자연스러워 보인다.

PART 5

비트코인은 나쁘지만
블록체인은 좋다?

CHAPTER 1

블록체인은 육성하고
암호화폐는 규제하는 정부

블록체인 기업은 좋은 기업, 암호화폐 기업은
나쁜 기업이라는 주홍글씨

비트코인이 한참 불장으로 치닫던 2018년 1월, JTBC에서 있었던 유시민 작가과 정지훈 교수의 토론 이야기를 안 꺼낼 수가 없다. 지금 와서 다시 그 얘기를 꺼내는 이유는, 당시를 기점으로 국내는 비트코인에 대한 부정적 인식이 크게 늘어났다. 나는 당시에도 지금에도 유시민 작가의 비트코인에 대한 관점을 크게 반대한다. 유시민 작가는 대중에 대한 공감을 이끌어내는 언변이 누구보다 강하다. 그날의 토론에서도 그의 능력은 십분 발휘되었다.

"투자가 과열되었다." 정도의 메시지였으면 좋았을 것이다. 하지만 존재를 부정하고 사기라고 취급한 점은 매우 아쉽다. 지난 2년 우리 정부가 암호화폐에 대해 취한 태도를 그대로 반영해 준다. 그래서 이 책을 통해 비트코인과 디지털 자산에 대한 재조명이 되었으면 한다.

당시 유시민 작가는 다음과 같이 정부에 강력하게 제안했다.

"단기적으로는 암호화폐 거래를 온라인 도박에 준하는 규제를 하고, 중기로는 암호화폐 거래소를 폐지해야 한다. 장기로는 P2P 개인 간 거래 역시 시간을 가지고 어떻게 할지 논의해야 한다"고 밝혔다.

블록체인이 뭔데? 비트코인과 어떤 연관이 있나요?

비트코인과 블록체인은 바늘과 실의 관계이다. 비트코인은 암호화폐 중 시가총액이 가장 크다(시가총액 약 250조, 2020.08기준). 암호화폐와 블록체인을 구분해 보면 아래 그림과 같은 층을 구성한다. 비트코인은 '암호화폐Cryptocurrency'이고 암호화폐의 거래가 기록되는 장부가 '블록체인'이다.

블록체인은 정보를 기록하는 특별한 기술이다. 비트코인과 같은 암호화폐를 발행하기 위해서 사용하는 기저에 있는 기술이 블록체인이다. 블록체인은 '블록'과 '체인' 두 개의 단어를 합쳐 놓은 것이다. '블록'은 데이터를 저장하는 단위이다. 종이 계약서에 비유하자면 '블록'을 '계

| 암호화폐와 블록체인 간의 층 구성 |

암호화폐와 블록체인 간 Layer

암호화폐
(Cryptocurrency)　Bitcoin(BTC), Ethereum(ETH)

거래를 기록하는 소프트웨어 프로그램

블록체인
(Blockchain)　분산화된 원장
(Decentralized ledger)

약서 한 페이지'로 표현할 수 있다. 한 페이지 안에 담기는 최대 글자 수는 정해져 있고 각각의 페이지를 순서대로 연결되어 붙이면 계약서가 완성이 된다. 각각의 블록을 연결했을 때 블록체인이 되는 것과 같은 개념이다.

종이 계약서를 작성할 때, 조작을 방지하기 위해 계약서 2부를 놓고 도장을 가운데 찍는 행위를 한다. 두 계약서가 조작되지 않았음을 증명하기 위해서다. 블록체인도 블록간에 이전 블록의 해시값으로 연결되어 있어, 특정 블록의 데이터를 임의로 조작할 수가 없다.

왜 블록체인이라는 기술을 4차 산업혁명의 핵심기술 중 하나라고 얘기하는가? 어떠한 파급력을 가지고 있나?

블록체인 혁명의 저자, 돈 탭스콧은 다음과 같이 말했다.

| 차세대 인터넷의 모습/ 돈 탭스콧 |

모빌리티

소셜네트워크

빅데이터

사물인터넷

블록체인

머신러닝

클라우드

드론, 로봇

"향후 몇십 년 안에 가장 큰 영향을 끼칠 기술은, 소셜미디어는 아니다. 빅데이터도 아니다. 로봇공학도 아니다. 심지어 인공지능도 아니다. 놀랍게도 그것은 비트코인 같은 디지털 통화의 기초가 된 기술, 즉 블록체인이다."

-돈 탭스콧

지난 몇십 년간 인터넷은 정보의 민주화를 앞당기는데 많은 기여를 했다. 우리는 소셜미디어를 통해서 바다 건너 있는 미국 대통령이 쓰는 메시지를 트위터를 통해 실시간으로 접할 수 있다. 인터넷이 없었다면 경찰과 시위대 사이에 충돌이 발생했던 홍콩 시위를 유튜브를 통해서 실시간 스트리밍으로 볼 수 없었을 것이다. 인터넷은 정보망이다.

제가 여러분께 이메일, PPT 파일을 보낼 때 사실 원본을 보내는 것이 아니라 복사본을 보내는 것이다. 그런데 우리가 자산을 보낼 때는 복사본을 보낼 수가 있을까? 돈이나 주식, 채권 같은 금융자산 그리고 포인트나 지적재산과 같은 자산은 복사본을 보내서는 안 된다. 그래서 오늘날 우리는 거대한 중개자에게 완전히 의지를 하고 있다. 은행이나 정부 그리고 소셜미디어 회사, 신용카드사 등이 경제시스템의 신뢰를 보증한다.

거대 중개자에게 완전히 의지하게 됨에 따라 인터넷은 부가 창출됨과 동시에 경제적 불균형을 더 키우게 되었다. 만약 정보의 인터넷이 아닌, 가치의 인터넷이 있다면 어떨까? 인터넷이 정보의 불균형을 많이 해소했다면, 가치의 인터넷에서는 자산의 불균형을 해소할 수 있지 않을까? 지금 이 시간에도 금융의 혜택을 받지 못하는 언뱅크드 피플이 17억이나 있다. 그들은 은행 계좌가 없다. 하지만 대부분 스마트폰을 보유하고 있다. 블록체인기술이 가치의 인터넷을 지향하고 그들에게까지 뻗칠 수 있다면? 그들을 경제활동 인구로 유입시킬 수 있다면? 상상만 해도 그 파괴력은 엄청날 것이다.

비트코인이 무엇인지 잘 이해해야 한다.

비트코인의 원리에 대하여 독자들의 이해도를 높이고자 한다.

수많은 칼럼과 책 그리고 영상에 비트코인에 대해서 이미 설명이 되어 있다. 하지만 여전히 많은 일반인들은 "블록체인이 뭐예요" "비트코인이 뭐예요" "비트코인은 컴퓨터로 찍어내는 가상의 코인" 정도로만 이해를 한다.

이번 글에서는 비트코인의 원리에 대하여 독자들의 이해를 높이고자 한다. 이 글을 읽는 일반인들이 보다 더 쉽게 이해할 수 있도록 하기 위해서 여러 자료들을 찾아보았다. 송범근 저의 "외계어 없이 비트코인 블록체인 이해하기"라는 글을 기초로 하여 재구성한 것임을 미리 밝힌다.

전자화폐의 문제 "이중 지불의 문제"

우리는 오늘날 현금을 많이 가지고 다니지 않는다. 스마트폰에 있는 은행 애플리케이션에 나의 자산이 숫자로 찍혀 있다. 그 자산을 친구에게 보내기 위해서는 계좌번호, 즉 숫자만 입력하면 송금이 되는 시대에 살고 있다. 물리적인 형태를 지닌 현금을 직접 전달할 필요가 없다.

우리는 이러한 돈을 통틀어 전자화폐라고 부른다. 이 전자화폐가 가진 딱 하나의 문제점이 있다. 그건 바로 "복사하기"가 쉽다는 것이다. 필자가 100만 원을 친구에게 보내주었다. 친구가 그 100만 원을 복사해서, 친구의 친구에게 보내면 어떻게 될까?(디지털화된 데이터는 충분히 가능하다. 우리가 인터넷상으로 주고받은 많은 파일들은 그런 식으로 복사해서 매일같이 이미 공유하고 있다.) 계속 복사해서 친구도 쓰고, 친구의 친구도 쓴다면 화폐는 가장 중요한 신뢰를 잃게 된다. 우리는 이를 "이중 지불의 문제"라고 한다.

믿을 수 있는 제3자를 통한 해결

이에 대한 해결책은 있다. "믿을 수 있는 3자에게 관리를 맡기는 것이다." A가 B에게 송금을 하고 싶다면 A가 B에게 직접 보내는 것이 아닌, C가 거래내역을 기록/관리하는 역할을 한다. 즉 A는 C에게 요청을 한다. B에게 100만 원을 보내주세요. 그러면 C는 A의 잔고를 확인한 뒤 B에게 100만 원을 더해주고, A의 잔고에서는 그만큼을 빼준다. C의 역할을 오늘날 은행이 하는 것이다. 우리는 은행을 믿기 때문에 안심하면서 송금을 할 수 있다. 그 신뢰의 존재로 인해 통장에 찍혀 있는 숫자가 화폐로 쓰이는 것이다. 여기서 다시 한번 정리를 하면, 화폐의 본질은 '신뢰'다. 오늘날의 전자화폐는 '믿을 수 있는 제3자(ex. 은행)'를 통해서 '이중 지불 문제'를 해결한다.

중앙 집중화의 문제점

믿을 수 있는 제3자를 통할 경우, 3가지의 문제점이 있다. 첫째는 중개비용이다. 중개비용은 시간과 돈 모두 발생한다. 우리가 당장 겪는 어려움이다. 해외 송금 과정에서 우리는 왜 수많은 금융 중개인들에게 의존하며 그토록 많은 비용을 감수해야 하는가? 왜 필리핀 해외 노동자들은 본국으로 돈을 송금할 때 막대한 수수료를 지불해야 하는가? 왜 소상공인들은 카드사에 수수료도 물고 정산도 늦게 받아야 하는가? 왜 우리는 은행의 계좌 동결 횡포에서 자유로울 수 없는가. 위기로 치닫는 경제에 속한 국민들에게는 비트코인이란 은행망을 통하지 않고 글로벌 경제권에 연결될 수 있는 수단으로 특별한 의미가 있다.

시간과 비용뿐만이 아니라 한 번에 보낼 수 있는 돈의 규모도 통제가 된다. 모두가 중개자가 있기 때문에 발생한다. 돈의 규모가 통제된다는 부분은 비단 중개자가 있어서만은 아니다. 국가는 통화의 양을 조절함으로 경제정책을 유지해 가고 있다. 화폐가 아무런 통제 없이 국경을 넘나드는 것을 달가워하지 않을 것이다. 하지만 다가오는 미래의 금융에서는 이 부분이 가장 먼저 무너져 내릴 것이다. 혁신의 크기가 가장 클 것이다. 막을 수 없다면 우리는 변해야 한다.

둘째는 중앙기관의 무능이나 부패이다. 믿을 만한 3자인가? 은행은 국가가 그 신뢰를 보장한다. 중앙은행이 최종 대출자의 역할을 하기 때문이다. 그래서 특정 은행의 신뢰에 대한 부분보다 국가의 신뢰도가 더 큰 영향을 미치게 된다. 금융환경이 열악한 아프리카에서는 최근 비트코인의 P2P 거래량이 연일 최고치에 다다르고, 가격 프리미엄까지 붙고 있다. 아르헨티나는 9번째 디폴트 위기에 처해 있다(디폴트 : 국가 채무 불이행). 페소화 가치가 급락하고 있는 배경이다. 국가 중앙은행의 무능과 부패로 인한 화폐가치 하락을 우리는 많이 보아 왔다.

셋째는 해킹의 타깃이 된다. 해커들이 공격할 단일 공격 지점이 명확하다. 장부가 한곳에 집중되어 있으므로 해커들은 보다 적은 비용으로 공격을 시도할 수 있다. 비트코인과 블록체인의 보안상 장점 중 하나는 단일 공격 지점이 없다는 것이다. 다수의 참가자들('노드'라고 부른다)이 네트워크를 구성하고 각각이 똑같은 거래 장부를 나눠서 갖고 있다. 가령 비트코인 네트워크를 해킹하기 위해서는 1,000개의 노드가 운영 중이라면, 51% 이상의 노드를 해킹하여 거래내역을 조작해야지만 가능하다.

은행 없이도 데이터 신뢰를 보증할 수 있다면
-장부를 모두에게 나눠주자.

이 방법을 설명하는데 있어 좋은 비유를 발견해 인용한다. 집안 대대로 내려오는 귀중한 골동품을 가지고 있다고 치자. 이 골동품을 안전하게 보관할 방법은 두 가지가 있다.

첫째는 값비싼 금고를 구매한 후 다중 시건장치를 하고 비밀번호를

| 다중 시건장치 vs 모두에게 '나의 소유'라는 것을 알리기 |

다중 시건장치 설치

비트코인의 보관 방식

주위에 알리기

설정하는 것이다. 둘째는 그 골동품을 사람들이 많은 시장 한복판에 놓은 뒤, 이 골동품은 내 것이라고 옆집 가게 주인, 지나가는 사람들에게 알리는 것이다. 페이스북과 카카오톡 같은 SNS를 통해서도 사진을 남겨서 저 골동품이 내 것이라는 것을 알린다. 그렇게 되면 그 시장을 다니는 모든 사람이 감시자가 된다. 누군가 그 골동품을 훔쳐가려고 할 때 가만히 두지 않을 것이다. 집단의 힘을 이용해 골동품을 보호할 수 있는 것이다.

비트코인은 이 두 번째의 방법을 통해서 신뢰성을 보증한다. 비트코인의 모든 거래기록이 담긴 장부를 참가자들에게 나눠준다. 만약 장부를 가지고 있는 A가 거래내역을 조작한다고 가정해 보자. B가 A에게 10만 원을 보냈다. 하지만 A가 본인 장부의 거래내역을 조작한다. 15만 원을 받았다고 조작한 후, C와 D에게 각각 10만 원과 5만 원을 보냈다고 해보자. 현재의 중앙집중 시스템에서는 은행으로 달려가서 나의 잔고가 이상하다라고 하면 된다. 하지만 그러한 관리자가 없는 비트코인에서는 "다수의 참여자가 인정하는 쪽"이 진짜가 된다. 이 얘기는 장부를 조작하려는 쪽이 적어도 절반 이상의 장부들을 모두 조작해야 진짜로 둔갑할 수 있다. 비트코인 네트워크에서 절반 이상을 조작하려면 천문학적인 비용이 든다. 굳이 장부를 조작할 만한 동기가 줄어드는 요소이다. 더불어 천문학적인 비용으로 장부를 조작하더라도 해킹 소식이 알려지는 순간 비트코인의 가치는 땅에 떨어질 것이다. 해커의 경제적 이익이 투입 비용에 대비해 매우 작을 것이므로 해킹에 대한 동기가 사라진다.

블록을 생성해 수고한 주체에게 보상을 준다. 비트코인의 인센티브 프로토콜이 여기에서 작동한다. 가장 먼저 암호를 풀어 블록을 생산한 참가자는 일정량의 비트코인을 지급받는다. "비트코인은 누가 주느냐?"란 질문이 여기서 생긴다. 수익이 나는 회사가 있어 주는 것도 아니고, 그나마 그런 회사란 존재도 없을뿐더러 투자자가 나타나서 비트코인을 주는 것도 아닌데 도대체 그 비트코인은 누가 주는 것인가? 비트코인은 코드로 만들어진 결정체이다. 발행 갯수, 발행 원리, 조건 등의 프로그래밍된 코드로 모두 구현되어 있다. 코드를 누구나 볼 수 있고 정해진 규칙에 따라 참여할 수 있다. 이것을 '오픈소스'로 구현했다고 표현한다.

달러는 정치/경제적 결정에 따라 미 연준FED에서 발행을 한다. 결국 누군가의 이익을 위해 매번 다른 기준으로 발행이 된다. 하지만 그 가치가 유지되는 이유는 대부분의 사람들이 아직은 FED가 발행하는 달러가 미국의 기축통화를 더 강화하기 위해 결정을 할 것이라는 믿음이 있기 때문이다. 비트코인은 정치/경제적 결정에 따라 그때그때 발행량이 변경되지 않는다. 애초에 프로그래밍된 코드에 약속된 대로 발행된다. 총 발행량 2100만 개, 블록 생성에 따른 보상 갯수(현재는 1개 블록당 생성 6.25개)대로 BTC가 주어진다.

여기서부터 흥미로운 비트코인 인센티브 구조가 작동된다. 네트워크 참여에 대해 보상으로 주어지는 것은 달러나 원화가 아닌 '비트코인'이다. 이로써 블록 생성에(채굴·마이닝이라 부른다) 참여하는 사람들은 비트코인 네트워크의 가치를 더 높여야 하는 유인이 생긴다. 즉 그들이 보상으로 받는 비트코인의 가격이 더 상승하기 위해서는 비트코인 네트워크가 더 단단해져야 하기 때문이다.

블록 생성에 참여하는 자가 많을수록 암호를 찾는 난이도는 더 상승한다. 반대로 표현하면 해킹을 위해 들어가는 비용이 더 증가한다. 네트워크는 비트코인 보상을 통해서 블록 생성에 참여하는 참가자와 네트워크의 이익을 일치시킨다. 아주 중요한 부분이다. 마치 기업에서 직원들에게 주는 스톡옵션과 원리는 비슷하다. 일을 열심히 한 직원은 스톡옵션으로 보상을 받는다. 주식을 받은 직원들은 주식 가치를 높이기 위해 더 일을 열심히 하게 된다.

블록 생성에 참여하는 참가자를 '채굴자miner'라고 표현하고, 그 행위를 채굴mining이라 한다. 비트코인처럼 블록의 생성과 거래 기록을 위해 컴퓨팅 파워를 이용하여 채굴에 참여하고 비트코인을 보상받는 방법을 작업 증명, 즉 Proof of work 라 부른다. 대표적인 POW 프로젝트는 비트코인이다. 막대한 전기료와 에너지가 들어간다는 단점이 있지만, 해킹을 위해 네트워크를 무력화시키기 위해서는 그 이상의 비용이 든다는 점을 감안할 때 그것이 나쁘지만은 않다.

비트코인의 성장, 비트코인의 가치는 비트코인을 받고 서비스와 재화를 제공하고자 하는 사람들이 존재하기 때문에 생겨난다. 비트코인은 비트코인 주소를 통해 개인이나 상점 간 이체가 가능하다.

비트코인은 어떠한 정책에도 구속받지 않고 국경 간 이체가 가능하다. 비트코인을 가치 있게 생각하는 사람들이 많아질수록 결제수단으로 사용되는 곳은 많아질 것이다. 그것이 또 비트코인을 가치 있게 만드는 선순환이 된다.

CHAPTER 2

비트코인의 본질은 검열 저항성이다

탈중앙 애플리케이션은 딱 한 가지를 빼고는 중앙화 애플리케이션보다 나을 게 없다.

탈중앙 애플리케이션dApp은 거의 모든 측면에서의 성능이 중앙화 애플리케이션에 뒤처진다. 비트코인의 전송 능력이 페이팔이나 은행보다 낫다고 할 수 없다. 이더리움이 기존의 인터넷보다 낫다고 할 수 없다. 파일코인이 아마존이나 기존의 클라우드 서비스보다 낫다고 할 수 없다. 느리고, 더 많은 비용이 들고, 시간당 처리량도 적고, 사용자 경험은 확연히 안 좋다. 성능개선을 위해 블록체인에 샤딩, 플라즈마, 라이트닝 네트워크 등 새로운 기술이 적용되고 있지만 그렇다 한들 이전보다 조금 좋아질 뿐이지 중앙화 어플리케이션의 성능을 앞지를 수는 없다. 그렇다면 탈중앙 어플리케이션dApp의 유일하면서 정말 중요한 장점은 무엇일까. 이 엄청난 비효율을 감수하면서 얻게 되는 장점은 "검열 저항성이다." 이 가치를 만들어내는 유일한 방법이 탈중앙화이다.

검열 저항성Censorship resistance이란 무엇인가?

쉽게 얘기하면 "누구도 내가 다른 사람에게 비트코인을 전송하는 것을 막을 수 없다." 블록체인의 본질이다. 비트코인이 P2P 간의 가치 전송을 위한 프로토콜이라면, 이더리움은 네트워크 위에서 전송뿐만이 아니라 다양한 계약과 조건을 설정할 수 있다. 이것이 탈중앙 애플리케이션을dApp 만든다. 이더리움도 마찬가지로 "누구도 내가 이더리움 위에서 코드를 실행하는 걸 막을 수 없다"는 가치를 제공한다.

비트코인은 여러 가지 가치를 가지고 있다. 낮은 수수료와 빠른 시간으로 국경 없는 송금이 가능한 점, 금과 같이 한정된 발행량으로 인한 가치저장 수단, 디지털 환경이 가속화됨에 따라 지속적으로 사용자 수가 증가할 것으로 보는 점 등이 있다. 하지만 모든 장점들은 사실 비트코인의 본질인 "검열 저항성"이 있어 생기는 것들이다.

검열 저항성에 대한 오해

암호화폐의 핵심적인 특징인 검열 저항성은 여전히 많은 오해를 받고 있다. 가장 많은 오해는 비트코인의 거래내역을 아무도 감시할 수 없다는 의미로 검열 저항성을 이해한다. 이것은 오해다. 오히려 비트코인의 모든 이동은 공개된 장부에 기록되기 때문에 누구나 열람하고 추적할 수 있다. 단 그 지갑 주소가 누구의 것인지는 알 방도가 없다. 지갑 주소는 은행을 통하지 않고도 전 세계 누구, 어디에서나 어렵지 않게 만들 수 있다. 그래서 암호화폐 거래소를 제도권 안에 둠으로써 거래소를 드나드는 암호화폐는 그 주인이 누구인지를 거래소의 고객정보를 통해서 간접적 확인이 가능하다. 즉, 비트코인의 검열 저항성은 거래내역을 감시 못하는 것이 아니라 감시를 하더라도 그 거래를 막지 못한다는 점이다.

홍콩 시위대의 지원을 위한 모금을 동결시킨 중국정부

일반적으로 검열이라 함은 국가가 마약, 사기, 불법 콘텐츠 등의 유통을 막기 위해 검열을 한다고 생각한다. 실제로도 세계 각국의 권력기관들은 은행계좌를 동결하는 방식으로 테러자금이나 범죄자금을 차단하고 있다.

홍콩은 2019년 내내 시위가 이어졌다. '범죄자 중국 송환법'에 반대한 시위였다. 해당 법안이 통과될 경우 수배된 범죄 용의자들과 범죄자들의 중국 내 인도가 가능해진다. 이에 홍콩 시민들은 해당 법안으로 인해, 홍콩 거주자들과 방문객들이 중국 본토의 지배하에 들어가는 것을 동의할 수 없었다. 시위가 진행될수록 시위자들은 법안의 철회, 홍콩 경찰들의 잔혹성과 과잉진압에 대한 조사, 체포된 시위자들의 석방, 시위를 공식적으로 '폭동'으로 규정한 것 등에 대해 철회 요구를 하였다. 이 모든 행동들은 '홍콩의 민주화에 대한 강한 바람'을 시위로 표현한 것이다.

2019년 12월이었다. 홍콩 경찰은 시위 지원단체인 '스파크 동맹'이 시위대 지원을 위해 모금한 7,000만 홍콩달러(약 104억 원)를 동결시켰다. 지원단체 스파크 동맹은 물품을 사서 시위대에게 나눠주기도 하고, 시위대 체포자의 법률 지원을 한 단체이다. 자금이 동결되어 더 이상 기존 금융망을 이용해서는 자금을 모을 수 없었다. 이때 비트코인이 활용되었다. 누구도 내가 비트코인을 전송하는 것은 막을 수 없기 때문이다.

필자가 홍콩의 사례를 든 것은 국가나 권력기관의 자금 동결이라는 도구가 반드시 사회적 옳음을 위해서만 사용되는 것은 아니라는 점이다. 그 기준 또한 그들의 이익에 달려 있기에 바라보는 주체에 따라 나쁠 수도, 옳을 수도 있다.

위키리크스 기부금의 대안 '비트코인'

위키리크스는 익명의 정보 제공자가 자체적으로 수집한 사적 정보 또는 비밀, 미공개 정보를 공개하는 국제적인 비영리기관이다. 주로 각국 정부나 기업 등에 속한 조직의 비공개 문서를 공개했다. 2010년 12월, 폭로 전문 사이트인 위키리크스를 향해 세계 각국이 전방위 압박을 가하고 있었다. 창업자인 줄리언 어샌지에 대한 수배령, 서버 및 도메인 차단에 이어서 이제는 돈줄 죄기를 하고 있었다.

위키리크스는 대부분의 운영자금을 기부금으로 충당하였다. 하지만 정부의 표적이 되어 인터넷 결제 부분을 담당하던 페이팔마저 결제 대행을 중단하기에 이르렀다. 기부금이 들어올 창구가 차단된 것이다. 당시 페이팔은 미 정부의 편지를 받은 후 위키리크스의 결제대행을 중단하는 결정을 하게 된다. 페이팔에 이어 비자와 마스터카드 역시 결제 서비스를 중단하고 설립자인 줄리언 어산지는 그들이 미국 외교정책의 도구라며 강력히 비난했다.

그 시기 대안으로 떠오른 것이 '비트코인'이었다. 그리고 현실화되어 비트코인으로 위키리크스의 기부금이 모였다. 비트코인의 존재가 돋보인 사건이었고, 이를 통해 대중들에게 조금씩 알려지기 시작했다. 2011년 6월 15일 위키리크스는 공식적으로 비트코인으로 기부를 받겠다고 선언했다. 당시 비트코인 가격은 수직 상승했고 7월 29.6달러(3만 3000원)까지 급등한다.

이 역시 비트코인의 검열 저항성이란 특성을 활용한 사건이다. 비트코인을 주고받을 때, 우리는 중계자의 컨트롤을 받지 않는다. 그 역할을 비트코인 네트워크의 마이너(채굴자)들이 해주는 것이다. 그들은 탈중앙화되어 있고 인센티브 경제로 인해 정해진 프로토콜로 자발적으로 돌아간다.

CHAPTER 3

폴 튜터 존스
"나는 가장 빠른 말,
비트코인에 베팅한다"

새로운 안전자산으로 비트코인의 영향력이 커질 것이다.

폴 튜터 존스는 누구? 최고의 헤지펀드 매니저 중 한 명이다. 그는 1954년생으로 튜더 그룹을 운영하며 운용자금이 자그마치 50조 원이 된다. 투자스타일은 트레이딩으로서 시장의 여러 경기 시그널들을 보고 포트폴리오 조정과 트레이딩을 통해서 수익을 극대화하는 타입이다. 1987년 미국 증시 폭락 등 경기 예측에서 탁월한 능력을 보여준 인물이다.

무엇보다 폴 튜터 존스는 하락장을 잘 예측했던 인물이다. 대표적으로는 1987년 블랙먼데이, 당시 미국 증시가 하루에 20% 이상 하락했었다. 당시의 차트가 1929년 대공황과 너무 비슷하다는 의견을 냈고 보유중인 주식의 대부분을 공매도하고 채권으로 옮겨가 큰 수익을 냈었다.

올해 2020년 1월 CNBC와의 인터뷰를 보면 또 한번 예리한 현 경제 상황에 대한 뷰를 보여주었다. 당시는 중국에서 코로나바이러스가 시작되고 있었다. 누구도 코로나19가 이렇게까지 큰 영향을 미칠지 생각지 못했었다. 그 후 3월, 글로벌 금융시장은 대폭락을 맞았고 이에 대응하기 위해 폭탄급의 통화정책이 추가된다. 엄청난 양적완화가 시작되는 계기가 되었다.

폴 튜터 존스가 당시 1월 CNBC와의 인터뷰했던 한 내용을 옮긴다.

"우리는 역사상 가장 미친 통화+재정정책의 조합의 한가운데에 있다. 거의 폭탄급이다. 상상을 초월한다. 경제상황은 별반 바뀐 게 없다. 지금의 경제는 99년 초반을 생각나게 한다. 당시에도 PCE개인소비지출, Personal Consumption Expenditure가 1.6%였고, CPI소비자물가지수, consumer price index가 2.3%였다. 지금과 똑같다. 다만 다른 점은 기준금리가 그때는 4.75%였지만 지금은 1.62%이다. 그때는 재정수지가 흑자였는데 지금은 5% 적자다. 게다가 대외적 위기를 핑계 삼아 3번의 금리인하 또한 있었다. 하지만 지금 이 기차는 아직 갈 길이 멀기에 당장 브레이크 없는 기차에서 내릴 필요는 없다. 1999년에도 적어도 1년은 그 상황이 더 갔다. 코로나 바이러스가 커브볼이 될 수 있다고 했다."

-폴 튜터 존스, 20년 1월 CNBC 인터뷰

야구에서 직구만 예상하다 예측 못한 커브볼이 들어오면 헛스윙을 한다. 코로나 바이러스가 오히려 경기에 대해 착각하게 만들 수 있다는 의미, 예측 못한 상황으로 흘러가게 한다는 의미다. 실제 코로나 바이러스는 커브볼을 만들어냈다. 우리가 생각했던 이상의 통화팽창이 만들어졌고 글로벌의 모든 자산시장은 들썩거렸다. 나스닥은 1만 달러를 넘으며 만스닥이라 불렸고, 미래 자동차를 상징하는 테슬라는 주당 2천 달러를 넘기며 이천슬라라고 불렸다.

폴 튜터 존스는 원래 비트코인 회의론자였다. 그가 지난(2020년) 5월 비트코인을 매입했다고 밝혔다. CNBC와의 인터뷰에서 그는 "코로나 19로 인해 엄청난 통화팽창이 일어났다. 그리고 앞으로의 투자 포트폴리오를 고민했고 가치저장 수단이 될 수 있는 여러 자산에 대해서 다시 판단했다"고 했다. 어떤 자산을 포트폴리오에 담을 것인가? 그는 투자자들에게 보낸 레터에 가치저장 수단으로 비트코인에 대한 분석자료를 상당수 포함했다.

| 글로벌 주요 자산 규모 |

Table 2. Global assets outstanding

	USD bn
1. Global fincancial assets (stocks and credit)	266,917
2. Cash (proxy for global M1)	39,806
3. Total value of above ground gold	9,918
4. Total market capitalization of Bitcoin	186

Sources: Haver, Bloomberg, GoldMoney Foundation, and World Gold Council

출처 : May 2020 BVI letter, The Great Monetary Inflation

전체 금융자산의 가치는 266조 달러, 금의 시가총액 10조 달러, 비트코인은 1800억 달러로, 금 시가총액의 2% 정도 된다. 비트코인의 시가총액은 여전히 상대적으로 낮음을 알 수 있다.

이번 레터에서 의미 있었던 부분은 가치저장 수단의 가치를 점수로

Table 3. Grading assets by their ability to store value

		Subjective score
1.	Financial Assets	71
2.	Fiat cash	54
3.	Gold	62
4.	Bitcoin	43

출처 : May 2020 BVI letter, The Great Monetary Inflation

평가한 점이다. 레터에 따르면 가치저장 수단으로의 가치가 높아지기 위해서는 4가지가 충족되어야 한다고 했다. 구매력, 신뢰성, 유동성, 휴대가능성이다. 4가지 지표를 바탕으로 점수화를 하였다. 비트코인은 여전히 법정화폐보다 낮은 점수였지만 의미가 있는 건 순위에 들어갔다는 점이다.

유동성(Liquidity)

유동성은 자산을 얼마나 빨리 수익화할 수 있냐는 지표다. 유동성은 중요하지만 구매력과 신뢰성 가치의 2/3 수준의 가중치를 두었다. 유동성은 경제 상황이 악화되었을 때 매우 중요하다. 현금은 이 부분에서 높은 점수를 받았다. 비트코인 역시 24시간, 7일 동안 거래되는 자산으로 아직까지 전체 시총이 상대적으로 작지만, 빠르게 수익화가 가능한 자산으로 구분할 수 있다. 가치저장 수단으로 부동산, 예술품 등이 목록에 없는 이유는 유동성이 낮기 때문이다. 즉 빠르게 수익화를 할 수 없다는 점이다.

구매력(Purchasing Power)

구매력 관점에서 지금 시대에 현금을 들고 있다는 건, 중앙은행이 매년 공공연히 내 자산의 가치를 2%씩 낮춰가는 걸 지켜보는 것이나 다름이 없다. 당신이 지금 현금을 들고 있다면 소모성 자산을 들고 있는 것과 다름없다. 현금의 구매력은 시간이 흐를수록 낮아진다.

휴대성(Portability)

가치저장으로 훌륭한 자산은 한 지역에서 다른 지역으로 큰 거래비용 없이 원활하게 이동 가능해야 한다. 현금은 휴대성에서 좋은 점수를 받았다. 금도 괜찮지만 아무래도 휴대성에서는 투박하다는 평가였다. 비트코인은 휴대성에서도 의외의 좋은 평가를 받았다. 스마트폰만 있으면 비트코인은 저장이나 전송이 가능하다.

신뢰성(Trustworthiness)

금은 그동안 수많은 화폐들이 생기고 없어질 동안 수천 년 동안 가치저장 수단으로 꾸준히 가치를 유지해 왔다. 그래서 이 범주에서 단연 1위를 차지했다. 비트코인은 태어난 지 11년 된 가장 어린 자산이다. 그래서 이 항목에서 가장 낮은 점수를 받은 것은 이상할 것이 없다. 한 가지 확실한 건 시간이 지날수록 비트코인의 신뢰성은 높아진다는 사실이다.

보고서는 다음과 같이 분석했다. 가치저장 수단으로 비트코인의 짐수는 금융자산의 60%이지만, 시가총액은 1/1200이다. 또한 비트코의 점수는 금의 66%이지만 시가총액은 1/60이다. 가치저장 수단으로의 가치에 비해 현재 가격은(시가총액)은 굉장히 저평가되었다고 언급했다.

하지만 비트코인이 작금의 통화정책의 완벽한 대비책이라고는 생각하지 않는다. 세상이 디지털화될수록 비트코인은 큰 수혜를 입는다. 비

| Gold Price vs Bitcoin Price |

Gold price
USD per Troy Ounces in log scale. Source: Bloomberg

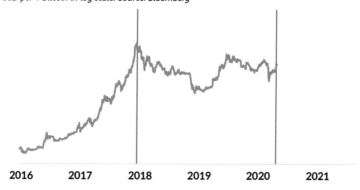

Bitcoin price
USD per 1 Bitcoin in log scale. Source: Bloomberg

출처 : May 2020 BVI letter, The Great Monetary Inflation

| Gold price |

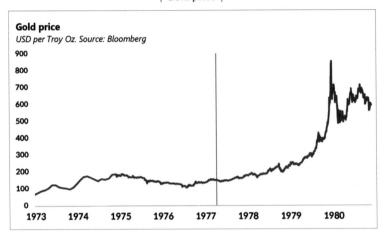

Gold price
USD per Troy Oz. Source: Bloomberg

출처 : May 2020 BVI letter, The Great Monetary Inflationn

트코인의 사촌이라 할 수 있는 벤모나 다른 많은 서비스들 때문이다. 세계 경제의 디지털화는 확실히 진행 중이다. 세계가 디지털화될수록 사람들도 비트코인을 더 쉽게 접할 수 있을 것이다. 그런 사람들이 많 아질수록 비트코인이 가치저장 수단으로 더 많이 활용될 것이다. 우리 아이들은 현금을 들고 다니지 않을 것이다. 아니 현금이 뭔지도 모를 것이다. 세계가 디지털화가 되면 될수록 전 세계 사람들은 비트코인에 보다 더 쉽게 접근할 것이다.

모든 상승장의 공통점은 그 시장의 참여자들이 늘어난다는 것이다. 현재 예상되는 수치로 5천5백만에서 7천만 명 정도가 비트코인을 소유 하고 있다고 한다. 지금 비트코인을 구매하는 분들은 이 숫자가 1억 2 천에서 2억 명까지 늘어난다는 것에 배팅하는 것이다. 세상이 디지털 화되고 있는 것을 볼 때, 모든 단서들을 조합해 보아도 그 숫자가 안 늘어난다고 보긴 어렵다는 것이 폴 튜터 존스의 생각이다.

마지막으로 이번 레터에서 차트로서 금의 가격과 비트코인의 가격을 비교했다. 폴 튜터 존스는 차트를 상당히 잘 보는 트레이더로 알려져 있다.

폴 튜터 존스는 트레이더로서 훌륭한 차티스트다. 그는 차트를 봤더니 금의 흐름과 비슷하다는 점도 의견에 포함했다. 폴은 비트코인이 그가 1976년 처음 사업을 시작했을 때 금을 상기시켜준다고 했다. 금의 차트와 비트코인의 차트를 비교했다.

만약 지금이 1977년 상황이고, 1977년의 금이 오늘날의 비트코인이라면 금은 그 이후로 1980년까지 4배의 성장을 이끌었다. 비트코인 역시 충분히 가능하다는 점을 언급했다.

비트코인에 베팅한 월가의 금융회사

전 세계에서 운용자산AUM이 큰 운용사는 어디일까? 6조 달러가 넘는 자산을 운용하는 블랙록부터 뱅가드, UBS, 스테이트 스트리트, 피델리티 등이 뒤를 잇는다. 흥미로운 점은 대부분 디지털 자산을 직접 운용하거나 관련 사업에 투자를 했다는 점이다. 뱅가드Vanguard는 인덱스 펀드를 세계 최초로 도입한 자산운용사로 유명하다. 최근 블록체인 스타트업 심비온트symbiont, 시티Citi 등과 손잡고 40분 만에 결산이 가능한 '디지털 자산 유동화증권ABS'을 시범 운용한다.

가장 적극적인 곳 중 하나는 총 운용자산AUM이 3조 2000억 달러 규모의 피델리티이다. 아비게일 존슨 CEO는 비트코인 예찬론자 중 한 명이다. 비트코인 채굴 사업까지도 확장한 피델리티는 2014년부터 비트코인 마이닝에 대한 조사를 했고 채굴업체인 HUT8에도 10% 이상의 지분을 확보하고 있다. 회사 옥상에 비트코인 채굴기를 설치하는 등 관심이 남달랐다. 2018년 10월에는 사내 조직에 불과했던 팀을 격상시켜, '피델리티 디지털 에셋'을 설립해 디지털 자산만 전문적으로 운영하기 위한 발판도 마련했다. 2019년 10월에 기관을 위한 비트코인 거래 수탁서비스도 출시하는 등 적극적인 횡보를 보이고 있다.

대형 자산운용사들 사이에서 눈에 띄는 신생 자산운용사가 있다. 비트코인 반감기 이후 공격적으로 비트코인을 매입하고 있는 '그레이 스케일'이다. 그레이 스케일은 마스터카드가 투자한 디지털 커런시 그룹 DCG의 자회사이다. 디지털 커런시 그룹DCG는 디지털 자산 전문 투자회사인 그레이 스케일 이외에도 글로벌 탑 블록체인 미디어인 코인데스크coindesk와 비트코인 중개업체인 제네시스 트레이딩도 자회사로 보유하고 있다.

"금을 내려놓고 비트코인을 사라"는 캠페인을 벌인 그레이 스케일 고객의 대부분은 기관투자가이다. 펀드 자금 중 84%가 기관투자가들로부터 들어왔다. 이 회사의 상품은 디지털 자산에 투자하고 싶은 기관들에게 인기가 많다. 복잡하고 불안한 비트코인 키 관리를 직접 할 필요가 없기 때문이다. 그레이 스케일은 2020년 8월 기준으로 총 운용자산 50억 달러를 돌파했다. 불과 10개월 전에 21억 달러의 기관자금을 운용했지만 빠른 속도로 성장하고 있다. 2013년 설립 이후 매년 2배 이상의 운용자산을 늘리고 있는 그레이 스케일은 자산운용 역사에서 전례 없는 성장 속도를 보이고 있다. 2020년에만 상반기에는 14억 달러의 자금이 추가로 들어왔다. 게다가 1분기(5억 370만 달러) 대비 2분기(9억 580만 달러)에 거의 2배 이상의 속도를 보이며 자금이 들어왔다. 서양 중심의 기관투자가들의 비트코인을 비롯한 디지털 자산에 대한 관심이 예전과 같이 않다는 것을 간접적으로 알 수 있다. 과거 개인이 주도했던 2017년 불장이었다면 이제는 서양 기관투자가들이 주도한 다음 불장이 기다리고 있지 않을까.

시카고 상업거래소CME와 인터컨티넨탈 익스체인지ICE는 기관투자가를 위한 비트코인 선물 거래를 시작했다. CME는 1972년 세계 최초로 금융선물 상품을 상장한 거래소이다. 인터컨티넨탈 익스체인지ICE는 뉴욕 증권거래소의 모회사이다. 개인들이 주도했던 암호화폐 시장에서 제도권에 진입하지 못한 대부분의 암호화폐 거래소들과는 규모와 사이즈가 다르다. 인터컨티넨탈 익스체인지가 만들고, 스타벅스 마이크로소프트, 보스턴 컨설팅 그룹 등 글로벌 기업이 파트너로 참여해 만든 거래소가 백트Bakkt이다. 백트에 대해서는 Part 4에서 충분히 다루었다.

이 두 거래소에서 비트코인 거래가 이루어진다는 의미는 시사하는 바가 크다. 첫째, 주요 투자자산으로 편입되는 주요 관문이라는 점이다. 전통 금융업계는 변동성이 큰 암호화폐 시장을 부담스러워했다. 리스크를 헷지할 수 있는 선물계약의 수요가 높아지고 있는 이유다. 둘째는 현재 기관들이 가장 신뢰하지 않는 플레이어가 암호화폐 거래소이기 때문이다. 그들은 각국의 규제나 통제가 최소화된 틈을 타서 거래량 부풀리기 등의 신뢰되지 않은 행동들을 많이 해왔다. 그러한 거래소에

MILLENIALS		GEN X		BABY BOOMERS	
AMAZON.COM INC	7.87%	APPLE INC	10.52%	APPLE INC	9.19%
APPLE INC	6.18%	AMAZON.COM INC	7.16%	AMAZON.COM INC	5.32%
TESLA INC	3.22%	BERKSHIRE HATHAWAY	2.37%	BERKSHIRE HATHAWAY	2.75%
FACEBOOK INC	3.03%	FACEBOOK INC	2.26%	MICROSOFT CORP	2.69%
GRAYSCALE BITCOIN TRUST	1.84%	MICROSOFT CORP	2.16%	FACEBOOK INC	1.43%
BERKSHIRE HATHAWAY	1.73%	TESLA	1.45%	VISA INC	1.25%
WALT DISNEY CO	1.68%	ALPHABET INC.	1.30%	ALPHABET INC.	1.23%
NETFLIX INC	1.58%	NETFLIX	1.29%	AT&T INC	1.17%
MICROSOFT CORP	1.53%	ALIBABA GROUP HOLDING	1.23%	BOEING	1.08%
ALIBABA GROUP HOLDING	1.39%	VISA INC	1.23%	ALIBABA GROUP HOLDING	0.98%

출처 : Charles Schwab

서 기관자금이 운용하기는 힘들다. 하지만 백트Bakkt의 경우는 다르다. 뉴욕 증권거래소는 월스트리트의 상징이며 시가총액 기준으로 세계 최대이다. 뉴욕 증권거래소의 모회사가 만든 백트이기 때문에, 기본적인 신뢰를 갖고 있다고 볼 수 있다.

밀레니얼 세대를 보면 돈의 미래가 보인다.

2019년 말, 미국의 대형 증권사 찰스 슈왑이 보고서를 내놓았다. 흥미로운 타이틀이 있었는데, "밀레니얼 세대는 비트코인을 MS와 넷플릭스 주식보다 선호"한다라는 내용이다. 찰스 슈왑은 미국인들의 세대별 투자성향을 파악하기 위해, 약 14만 2000명의 베이비부머, X세대, 밀레니얼 세대의 포트폴리오를 분석했다. 역시 아마존과 애플은 세대 구분 없이 가장 인기 있는 주식이었다.

여기서 밀레니얼 세대는 1980년대부터 2000년대 초반에 태어난 세대를 일컫는데, 그들은 비트코인을 디즈니, 넷플릭스, 마이크로소프트와 알리바바보다 더 높은 비중의 포트폴리오로 갖고 있었다. 이것은 여러 가지를 상징한다. 블록체인 전문 미디어 코인데스크에 따르면, 미국 밀레니얼 세대의 18%가 비트코인을 보유하고 있고 42%는 향후 5년 내 비트코인을 구매할 계획을 갖다고 있다고 했다.

밀레니얼 세대의 자산규모는 작다. 하지만 그들이 본격적으로 사회에 진출하고 소득이 생길 때쯤에는 지금 보다 훨씬 큰 디지털 자산에 대한 수요를 그들이 이끌 것이라 생각한다.

| 미국과 중국의 디지털 화폐 전쟁 |

 VS

미국 중국

출처 : SK증권, SMARTFINANCE

미국과 중국의 패권경쟁은 이제 디지털 화폐로 넘어가고 있다. 미국은 플랫폼 기업 중심으로, 중국은 정부가 직접 나섰다. 코로나19가 세상을 뒤덮을 때 다른 한켠에서는 조용히 디지털 화폐 전쟁이 벌어지고 있다.

작년까지만 하더라도 한국은행은 CBDC(중앙은행 디지털 화폐)의 필요성이 없을 만큼, 금융 인프라가 잘되어 있다고 했다. 하지만 반년 만에 입장을 바꿨다. 최근에는 한국형 CBDC의 연구개발 용역 및 디지털 화폐 연구팀을 세팅했다. 이제는 함께 준비하지 않으면 디지털 화폐 전쟁에서 뒤처진다는 것을 안 것이다.

책과 음악이 그랬듯이 돈 역시 10년 내에 디지털화될 것이다. 페이스북 리브라Libra와 같은 디지털 화폐는 이제 초창기다. 앞으로 더 많은 디지털 화폐들이 출현할 것이다. 그들은 지불, 결제가 가능한 스테이블 코인 형태를 띨 것이다. 이번 파트에서는 스테이블 코인이 왜 필요하고 어떻게 고정된 가치를 유지할 수 있는지에 대해서 알아볼 것이다. 또한 중앙은행 디지털 화폐를 대표하는 디지털 달러와 디지털 위안화에 대해서 세세하게 다룬다. 그것이 함의하는 바를 꼭 깨닫기 바란다.

PART 6

글로벌 패러다임 변화의 서막
-스테이블 코인과
중앙은행 디지털 화폐CBDC

CHAPTER 1

왜 스테이블 코인이 필요한가

비트코인하면 무엇이 떠오르는가?

'비트코인' 하면 무엇이 떠오르는가? '암호화폐' 하면 무엇이 떠오르는가? 비트코인과 암호화폐에 대해 알고 있는 상당수는 '가격 변동성'이라고 얘기할 것이다. 2016년 12월 120만 원하던 비트코인이 2017년 12월에는 1918만 원으로 15배 가까이 상승했다. 2018년 10월에는 716만 원으로 전년대비 60% 가까이 하락했으며 19년 10월에는 1200만 원으로 다시 70% 가까이 상승을 하였다. 어떤 생각이 드는가?

| 비트코인 가격 변화 |

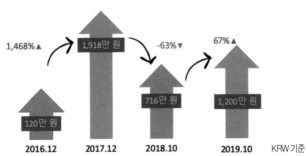

1,468%▲   1,918만 원   -63%▼   67%▲

716만 원   1,200만 원

120만 원

2016.12   2017.12   2018.10   2019.10   KRW 기준

우리가 보유하고 있는 암호화폐는 단 몇 시간 차이로 토큰의 가격이 낮게는 1~2%, 많게는 10~20%까지 쉽게 변한다. 당신이 A암호화폐를 보유하고 있다고 치자. 그 암호화폐로 커피숍에서 커피를, 쇼핑몰에서 옷을 그리고 식당에서 밥을 사 먹을 수 있겠는가? 서비스를 이용함에 앞서 항상 가격이 오를까, 떨어질까를 고민하는 문제에 직면할 것이다. 구매 후 가격이 오른다면 구매자는 손해 본 느낌을, 떨어진다면 이득을 본 느낌을 받을 것이다. 반대로 판매자는 손해 본 느낌을 가질 것이다. 이렇게 가격 변동성이 큰 암호화폐로 상품을 구매할 수 있는 곳이 있다면 흥미로워서 한번은 구매할지언정 두 번 세 번으로 이어지긴 힘들 것이다. 이는 암호화폐 사용을 주저하게 만드는 요인이다. 근본적으로 가격 변동성이 큰 화폐는 지불수단으로서 적합하지 않다.

지불수단으로 사용하기에 진짜 문제는 가격변동성이다

2018년 1월 비트코인 가격이 천정부지로 치솟을 때 한 방송사에서는 비트코인 가치를 인정하지 않는 유시민 작가 측과, 인정해야 한다는 정재승 교수 측의 토론이 팽팽하게 진행됐다. 유시민 작가의 논리가 많은 대중에게 공감을 얻었다. 비트코인으로 거래를 할 수 없다는 이유를 블록생성 시간(비트코인 약 10분:비트코인을 전송하는데 걸리는 시간)으로 인해 즉각 결제가 이루어지지 않는 점을 꼽았다. 그리고 전송 수수료 또한 높아서 지불수단으로 부적합하다고 했다. 유시민 작가의 의견처럼 지금까지는 가격 변동성보다는 기술적인 부분의 한계가 많이 지적되었다. 하지만 필자는 결제 시간과 전송 수수료는 기술발전에 따라 충분히 해결 가능하다고 본다. 실제 라이트닝 네트워크란 기술로 비트코인의 결제 시간은 상당히 개선되었다.

지불수단으로 사용하기에 진짜 문제는 '가격 변동성'이다. 이 부분은 조금 더 근본적인 문제다. "삼성전자 주식으로 삼성 디지털센터에 가서 갤럭시 스마트폰을 살 수 있느냐"라는 문제와 흡사하다. 게다가 암호화폐는 주식보다 훨씬 더 큰 가격 변동성을 가지고 있다.

한국판 넷플릭스인 왓챠의 콘텐츠 프로토콜은 왜 생태계 확장에 실패했나

최근 한국판 넷플릭스라 불리는 왓챠에서 진행한 리버스 ICO[13] 프로젝트인 콘텐츠프로토콜이 사업 종료를 선언했다. 콘텐츠프로토콜 프로젝트는 사업종료의 주요 이유로 가상화폐 규제의 불확실성과 사업 전망의 불투명을 들었다. 필자는 콘텐츠프로토콜의 토큰 생태계가 활성화되지 못한 주요 이유 중에 하나가 위에서 언급한 이유로 본다. 가치 변동이 심한 토큰을 보상과 지불/결제 수단으로만 설계를 해두었을 때 토큰은 생태계 내에서 회전하지 않는다.

콘텐츠프로토콜은 데이터를 제공한 사용자에게 CPT 토큰을 보상으로 지급하고, 해당 데이터를 콘텐츠 공급자에게 제공하는 심플한 메커니즘을 가지고 있다. CPT 토큰을 보상으로 받은 사용자는 CPT 스토어

---

13 리버스 ICO 기존 사업을 영위하던 대기업이 신사업에 블록체인 기술을 적용하고 자체 암호화폐를 발행하여 투자 유치 또는 서비스에 이용하는 것

에서 토큰을 이용한 상품구매가 가능했다. 많지 않은 상품의 수도 문제였지만 실시간으로 바뀌는 CPT 토큰의 가격까지 고려하여 실제 구매를 한다는 것은 사용자 입장에서는 쉬운 결정이 아니었을 것이다. 실제 구매로 연결되어 의미있는 생태계 확장에 기여하지 못하였을 것으로 조심스럽게 판단해 본다.

이 가격 변동성은 디앱dApp[14] 생태계가 활성화되지 않은 주요 원인일지 모른다는 또 하나의 불편한 진실을 만들어낸다. 그것은 '투자'와 '지불'의 딜레마다.

콘텐츠프로토콜의 CPT 토큰 역시 이 딜레마를 겪었다. '투자'와 '지불'의 딜레마는 무엇일까?

코인 공개ICO에 참여한 투자자들은 디앱 생태계가 커지면 자연스레 토큰의 가치가 상승할 것이라고 기대하고 있다. 따라서 토큰을 사용하기보다 보유하기를 선호한다. 이는 미래에 서비스될 디앱의 사용권(토큰)을 미리 구매한다는 ICO의 본래 취지와 다르다. 때문에 디앱 생태계로 유입되어야 할 토큰의 대부분이 암호화폐 지갑 속에 묶여 있게 된다. 설사 투자자가 토큰을 사용하길 원하더라도 위에서 언급한 가격 변동성이란 강력한 장애물에 부딪히게 된다.

이러한 현상들은 토큰의 유통을 저하하고 결과적으로 디앱 생태계의

---

14 디앱 Dapp**Decetralized applications** 탈중앙화된 어플리케이션을 뜻한다. 보통 블록체인 네트워크 위에서 만들어지는 어플리케이션으로 볼 수 있다. 디앱은 토큰의 주된 사용처 중 하나.

확산을 가로막는다. 단 몇 시간 만에 가격이 급변하는 화폐를 서슴없이 지불수단으로 쓸 수 있을까? 아마 불가능할 것이다. 그래서 필자는 디앱의 토큰 메커니즘을 설계할 때 단순 지불기능이 주요 기능인 프로젝트들을 우려한다. 그들은 현재 사용자가 적고 생태계가 활성화되지 않은 이유를 대중들의 블록체인에 대한 인식, 결제 시간, 수수료, 사용자 경험UX/UI이 나쁘다 등을 얘기한다. 하지만 시간이 흘러 그러한 부분들이 모두 해결되더라도 단지 지불수단 용도만 있는 토큰은 대중들이 사용하기에 매우 큰 장벽을 가지고 있을 수밖에 없다.

가치가 안정화된 토큰, 스테이블 코인이 대안이 될 수 있다.

암호화폐의 지불 수단은 가격 변동성이 적은 가치 안정화 토큰인 스테이블 코인으로 이루어져야 충분히 확장될 수 있을 것이다. 스테이블 코인이란, 기존 암호화폐와는 다르게 가격 안정성을 유지하는 암호화폐의 한 종류이다. 가격 안정성을 유지하기 위해서 '법정화폐 또는 암호화폐 담보기반' 그리고 시장의 수요공급을 바탕으로 가격이 유지되는 '알고리즘 기반' 등 다양한 형태의 스테이블 코인이 존재한다. 앞으로 스테이블 코인을 활용하는 블록체인 서비스들이 더 많이 나올 것으로 본다. 군이 직접 토큰을 발행하지 않더라도 기존의 스테이블 코인을 활용해 가격 변동성에 대한 단점을 해소하는 등 앞으로 많은 활용 케이스가 나올 것으로 기대한다.

yDAI+yUSDC+yUSDT+yTUSD

USDC DAI YFV

USDT NEST

OMG USDT CRV

LINK WETH

Rank	Token Name	Txn Count
1	Tether usd (USDT)	1,556,163
2	Wrapped Ether (WE...	790,610
3	ChainLink Token (LI...	213,448
4	USD Coin (USDC)	185,934
5	Dai Stablecoin (DAI)	139,253
6	YFValue (YFV)	71,304
7	NEST (NEST)	63,691
8	Curve DAO Token (...	49,062
9	Curve.fi yDAI/yUSD...	45,235
10	OMG Network (OMG)	43,152

출처: etherscan.io, 7day(20.8.20~26)

위의 표는 지난 7일간(20.8.20~26), 이더리움 네트워크상에서 가장 많은 트랜잭션[15]이 일어난 10개의 토큰이 표시되어 있다. 상위 10개 토큰의 트랜잭션 중에서 60% 이상이 스테이블 코인의 트랜잭션으로 구성되어 있다. 대표적으로는 테더가 49%, USDC가 5.8%, DAI가 4.4%의 비중을 차지한다. 즉 이더리움 네트워크에서 대부분의 거래/전송이 스테이블 코인을 중심으로 발생한다는 것을 알 수 있다. 가치의 전송을 위해서는 가치가 안정되어 있는 토큰이 필요한 이유다.

---

15 트랜잭션 쪼갤 수 없는 업무 처리의 최소 단위를 말한다. 거래내역이라고도 한다.

CHAPTER 2

스테이블 코인
한 눈에 이해하기-
어떻게 가격을 고정시킬 수 있나?

스테이블 코인이란?

스테이블 코인은 '기존의 화폐 또는 실물자산과 연동시켜 가격 안정성을 보장'하는 암호화폐이다. 말 그대로 가격이 안정적인 암호화폐이다. 보통 1토큰=1USD로 미국 달러가 일반적인 기준으로 사용된다. 화폐가치가 1달러에 고정이 되기 때문에, 가격 변동성이 큰 비트코인이나 이더리움 같은 다른 암호화폐보다는 결제 수단으로 사용되기에 유리하다

어떻게 가격을 고정시킬 수 있나?

금본위제 당시를 생각해 보자. 금1 온스=35 달러로 고정을 했다. 즉 35달러를 가져오면 금 1온스를 언제든지 교환해 주겠다는 정책이다. 언제든지 가면 바꿔 주기 때문에 모두가 한 번에 교환하러 가지 않는 신뢰가 생긴다. 그 신뢰는 "은행이 적어도 금을 35달러=1온스만큼은 보유하고 있다"는 믿음의 크기만큼 생긴다

스테이블 코인도 마찬가지다. 특정 자산을 담보로 토큰 발행을 하고, 토큰을 발행처로 가져오면 언제든지 1토큰=1달러로 교환할 수 있도록 하는 것이 가장 확실한 방법이다. 현재는 대부분 법정화폐(달러, 각국 통화)를 담보로 스테이블 코인을 발행하지만 앞으로는 금, 오일, 부동산 등을 기초자산으로 한 스테이블 코인이 더 늘어날 것으로 예상된다. 스테이블 코인도 그 담보의 종류에 따라서 유형이 나뉘고 각각의 신뢰도도 차이가 난다. 담보자산의 종류에 따라 크게는 3가지 유형으로 나뉜다. 실물자산 담보형, 암호자산 담보형, 무담보형으로 구분된다.

실물자산(법정화폐) 담보 스테이블 코인
-"특정기관이 달러를 쌓아두고 그만큼만 발행한다."

"특정한 회사나 기관이 자기 계좌에 법정화폐(대부분 USD)를 보관해 놓는다. 그리고 그 보관한 양만큼 토큰(암호화폐)을 발행한다. 이 토큰에는 '이 토큰을 가져오면 이 기관에서 1달러를 주겠음'이라고 적혀 있다.

| 실물자산(법정화폐) 담보 스테이블 코인 구조 |

일종의 수표 개념이다. 이 기관이 제대로 돈을 지급해준다는 가정하에 이 토큰은 정확하게 1달러의 가치를 가지게 된다. 가장 쉽고 안정적인 방법이다."

-외계어 없이 스테이블 코인 이해하기 중에서

가장 대표적인, 법정화폐 담보형 스테이블 코인으로는 Thether테더, USDT가 있다. 1테더USDT는 1달러의 가치를 가진다. 어떻게 가능할까? 테더사가 보유하고 있는 달러의 양만큼만 테더USDT를 발행한다.

테더USDT는 2014년에 스테이블 코인 중 가장 먼저 발행된 선점 효과로 인해 현재 2020.8.28 기준 100억 달러 규모의 시가총액을 유지하고 있다. 2020년에만 60억 USDT를 추가 발행했다. 시가총액 증가 속도가

| Marketcap Top 10 |

Rank	Name	Market Cap	Price	Volume (24h)	Circulating Supply	Change (24h)	Price Graph (7d)
1	Bitcoin	$211,119,121,270	$11,428.61	$23,212,739,798	18,472,856 BTC	0.23%	
2	Ethereum	$43,726,578,507	$389.15	$10,928,003,568	112,363,749 ETH	1.16%	
3	XRP	$12,004,397,226	$0.266795	$1,581,862,388	44,994,863,318 XRP *	-3.00%	
4	Tether	$10,023,196,987	$1.00	$38,202,915,318	9,998,221,723 USDT *	0.06%	
5	Chainlink	$5,170,388,536	$14.77	$1,228,686,416	350,000,000 LINK *	-3.47%	
6	Bitcoin Cash	$4,961,287,867	$268.15	$1,458,414,940	18,501,906 BCH	-2.15%	
7	Litecoin	$3,717,622,225	$56.90	$2,299,596,594	65,333,037 LTC	-1.83%	
8	Bitcoin SV	$3,463,178,170	$187.19	$600,108,641	18,500,483 BSV	-1.74%	
9	Crypto.com Coin	$3,334,743,649	$0.169934	$67,715,859	19,623,744,292 CRO *	0.06%	
10	Binance Coin	$3,319,960,953	$22.99	$333,591,492	144,406,560 BNB *	3.11%	

코인마켓캡 (20.8.28) 기준

매우 빠르다. 테더USDT는 가상자산과 법정화폐 간의 게이트웨이 역할을 해준다. 테더사는 달러가 확보되면 테더USDT를 추가 발행하고, 암호화폐 거래소로 전송이 되어 다른 가상자산을 구매하는데 주로 사용이 된다. 테더USDT는 비트코인과 더불어 암호화폐 거래소에서 기축통화의 역할을 한다.

| 비트코인 가격과 암호화폐 거래소의 테더(USDT) 잔고 변화와의 상관관계 |

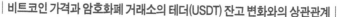

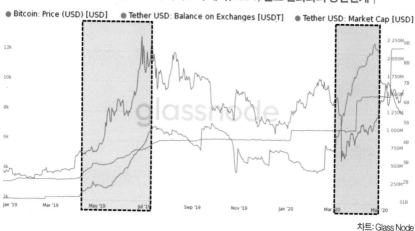

차트: Glass Node

테더USDT가 추가 발행된다는 것은 암호화폐 시장 내에 추가 자금이 유입된다는 의미이다. 추가 자금 유입은 암호화폐의 가격 상승을 가져온다. 위 그래프는 암호화폐 거래소 내 테더USDT 보유량에 따른 비트코인의 가격 변화를 나타낸 것이다. 지속적으로 테더USDT 보유량이 증가할 때 비트코인의 가격이 상승하는 모습을 보여준다. 혹시 이해가 잘 안 된다면 이렇게 생각해 보자. 미 연준FED에서 달러를 계속 발행하면 시중에 유동성이 넘쳐 주식, 부동산 등 자산 가격이 오른다. 테더USDT

와 비트코인BTC 역시 같은 원리로 움직인다.

이러한 다양한 기능에도 불구하고 테더사는 시장에서 늘 의혹을 받는다. 그 원인은 테더USDT가 "중앙집중화된 스테이블 코인이라는 점이다." 과연 테더USDT를 발행한 회사가 시가총액 만큼(약 100억 달러)의 달러를 제대로 보유하고 있는지? 다른 곳에 유용하진 않는지에 대한 의심을 계속 받을 수밖에 없다. 즉, 기초자산으로 보유 중인 달러에 대해 불투명하게 운영되는 점이 시장에서의 신뢰문제를 늘 야기시킨다.

그 부분이 중요한 이유는 1테더USDT가 1달러로 유지되는 이유가 그 기초자산인 달러에 있기 때문이다. 이 문제를 다양한 방법으로 해결하려는 스테이블 코인이 이어서 출시하게 된다.

암호화폐 담보 스테이블 코인
- "스마트 계약에 암호화폐를 쌓아놓고 그 만큼만 발행한다."

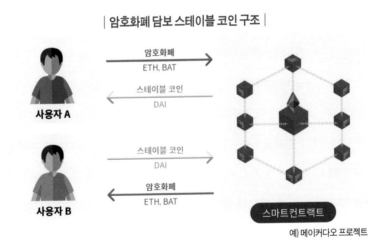

| 암호화폐 담보 스테이블 코인 구조 |

예) 메이커다오 프로젝트

담보자산을 보관하는 것은 동일하다. 하지만 특정 회사가 보유하는 것이 아니라 스마트 계약 계정에 보관한다. 테더USDT가 중앙화된 시스템으로 문제가 되었다면 암호화폐 담보 스테이블 코인은 스마트 계약으로 프로그래밍해 둠으로써 특정 기관에 중앙화되어 발생할 수 있는 문제점을 차단한다. 즉, 발행기관을 스마트 계약으로 대체하는 것이다 (스마트 계약이란, 제3의 보증기관을 끼지 않고 개인 간P2P 원하는 계약을 체결할 수 있도록 해주는 디지털 전자 계약 기능).

법정화폐를 스마트 계약에 전송할 순 없다. 그래서 이더리움과 같은 암호화폐로 담보를 하게 된다. 이더리움을 담보로 1달러에 연동된 스테이블 코인DAI, 다이을 발행하는 메이커다오 프로젝트가 가장 잘 알려져 있다. Part 7 "미래금융 디파이(탈중앙 금융) 시대가 온다"에서 디파이DE-fi의 시초인 메이커다오 프로젝트를 더 자세히 다루겠다.

암호화폐를 담보로 할 경우 문제가 발생한다. 암호화폐가 변동성이 크기 때문에 담보가치가 계속 달라진다. 부동산 담보 대출의 경우 LTV담보인정비율가 존재한다. LTV가 60%일 경우 부동산 가격이 10억 원이라면 6억 원 정도의 대출이 가능하다. 은행은 부동산 가격이 하락하더라도 대출을 해준 자금 회수가 가능하다.

암호화폐 담보대출 역시 유사하다. 1,000만 원 어치의 ETH를 담보하고 그만큼의 스테이블 코인을 발행했는데 ETH 가격이 하락해 700만 원이 되면 스테이블 코인 가치가 유지가 안 된다. 그래서 초과 담보화over-collateralization를 하게 된다. 해당 암호화폐의 변동성, 유동성에 따라 초과담보화 비율은 차등하게 설정된다. 서비스를 제공하는 곳에 따라 다르겠지만 비트코인의 경우 가격의 70%를 담보가치로 인정해 주고, 이더리움은 60% 그리고 다른 알트코인의 경우 50% 미만으로 인정하는 곳들도 다수 있다.

지금까지 내용을 보면 다음과 같은 궁금증이 생길 것이다. 비트코인과 이더리움을 담보로 스테이블 코인을 발행하는 사람은 왜 이용할까? 발행 수수료, 즉 이자도 지급되어야 할 텐데 말이다. .

두 가지 이유가 있다. 첫번째는 급전이 필요한 사람들이다. 보유자산이 비트코인과 이더리움인데 급전이 필요하다. 원래는 비트코인과 이더리움을 시장(ex. 암호화폐거래소)에서 팔고 돈을 마련할 수 있다. 하지만 보유하고 있으면 앞으로 가격이 더 오를 것이다라고 생각하는 분들은 일부 이자가 발생하더라도 암호화폐를 담보로 맡기고 스테이블 코인으로 대출을 받고 급전을 해결한다. 두번째 이유는 레버리지 효과다. 비트코인과 이더리움이 앞으로도 가격이 상승할 것으로 생각하는 사람들이 비트코인, 이더리움을 담보로 스테이블 코인을 대출받고, 그 스테이블 코인으로 다시 암호화폐를 구매하는 것이다. 하이리스크, 하이리턴의 투자 방법이지만 많이 이용하는 방법이기도 하다

무담보-알고리즘 기반 스테이블 코인
-"담보없이 알고리즘으로 화폐 공급량을 조절한다."

담보자산 없이 스테이블 코인의 가치를 유지한다(?). 생소하지만 고개를 옆으로 돌려보면, 현재의 법정화폐 시스템이 이러하다. 1971년 금본위제를 폐지한 그 이후의 신용화폐를 말한다. 미국 연준FED에서는

| 무담보(알고리즘 기반) 스테이블 코인 구조 |

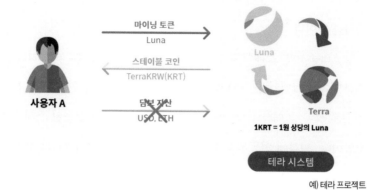

예) 테라 프로젝트

달러를 발행한다. 금본위제일 때는 금을 보관한 양만큼만 달러를 발행했다. 하지만 지금은 아니다.

그렇다면 법정화폐가 어떻게 가치를 유지하나? 가장 기본적인 방법은 금리를 통한 수요/공급의 조절이다. 화폐 가치가 떨어질 때는 금리를 올려 시장에서 화폐의 공급을 줄이고 수요를 높인다. 그 반대일 때는 금리를 내려 시장에 화폐의 공급을 늘린다. 하지만 역사적으로 보았을 때, 특정 자산에 기초하지 않는 화폐는 늘 종말을 맞이했다.

알고리즘 기반의 스테이블 코인의 원리도 비슷하다. 하지만 시장에서 가장 신뢰도가 낮은 방법이기도 하다. 왜냐면 검증되어 유지되는 케이스가 현재까지는 거의 없기 때문이다. 다만, 앞으로 성공할 수 있는 가능성까지 차단하지는 않겠다.

알고리즘 기반 스테이블 코인의 경우도 수요와 공급을 조절하면서 가치를 유지하려고 한다. 최근에는 1달러 혹은 1원의 가치를 유지하기 위해 듀얼 코인 시스템을 채택한다. 스테이블 코인 가치를 유지하기 위한, 또 다른 코인을 발행 후 상호보완적으로 가격 안정화 메커니즘을 구성하는 것이다.

알고리즘 기반 스테이블 코인 테라Terra는 어떻게 1KRW의 가치를 유지하도록 설계되었나? 국내에서 가장 활발하게 진행 중인 스테이블 코인 프로젝트 중 테라terra가 있다. 각국 화폐의 가격에 연동된 스테이블 코인이다. 원화에 연동된 1KRT는 1KRW의 가치를 유지하도록 설계되었다. 테라 프로젝트는 기초자산이 담보되지 않는다. 즉 알고리즘 기반의 스테이블 코인이다. 테라의 가치를 유지하기 위해서 루나luna라는 듀얼 코인을 발행함으로써 가격 안정화 메커니즘을 구성한다.

테라의 가격 안정화 메커니즘을 전부 다루기엔 꽤 복잡하고 어려워질 것 같다. 그래서 두 개의 코인이 어떤 게 상호보완적 관계를 이루어 1KRT가 1KRW의 가치로 유지되는지에 대한 개념적인 부분만 언급하겠다.

1KRT는 아래와 같이 두 가지의 경우만 존재한다. 시장(암호화폐거래소)에서 1KRT는 1KRW보다 높거나 또는 낮다.

1) 100 KRT 〉 100 KRW(원)일 때,(시장에서 KRT의 공급이 늘어나야 한다.) - 테라 시스템에 100만 원 만큼의 루나Luna를 보내면 100만 KRT로 교환이 된다. 100만 KRT를 시장에 공급하면 100만 원 이상으로 판매할 수 있다. 아비트라지(차익거래)를 통해 KRT 공급이 늘어난다. 100 KRT = 100 KRW에 근접하게 된다.

2) 100 KRT 〈 100 KRW(원)일 때,(시장에서 KRT의 수요가 늘어나야 한다.) - 테라 시스

템에 100만 KRT를 보내면 100만 원 만큼의 루나luna로 교환이 된다. 100만 KRT를 확보하는 금액이 100만 원보다 낮기 때문에 시장에서는 KRT의 수요가 발생한다. 아비트라지(차익거래)를 통해 KRT 수요가 늘어난다 . 100 KRT = 100 KRW(원)에 근접하게 된다.

KRT의 수요와 공급을 조절함으로써 가치가 유지된다. 그렇다면 덤으로 한 가지만 추가로 언급해 보자. 듀얼코인이었던 루나LUNA토큰의 가치는 어디에서 나오나? 테라, 즉 1KRT가 시장에서 거래수단으로 많이 사용되면 테라 네트워크에 수수료 수입이 생긴다. 그 수수료는 루나luna 토큰을 보유중인 홀더들에게 나눠진다. 즉 테라가 많이 사용되면 될수록 루나의 가치는 오른다.

CHAPTER 3

디지털 화폐라고
모두 같진 않다

디지털 화폐를 속성별로 분류해 보자.

최근 국제결제은행BIS에서 암호화폐 등 다양한 디지털 화폐의 등장에 따라서 화폐별 특징을 구분하여 분류도표를 제시하였다. 디지털 화폐, 모바일 머니, 암호화폐, CBDC, 지역 화폐, 포인트, 마일리지 등 다양한 디지털 수단을 활용한 화폐들이 나오고 있다. 각각의 화폐가 어떤 속성을 가지고 있는지 들여다 보자.

이 책에서 자주 언급되는 '디지털 화폐'란 용어는 현금이 아닌 실물이 없이 전자화된 형태의 돈 중에서는 가장 상위개념으로 사용된다.

| 디지털 화폐의 분류 |

중앙은행 디지털 화폐		비 중앙은행 디지털 화폐	
토큰형	계정형	토큰형-암호화폐	계정형
CBDC / DCEP (디지털 달러, 디지털 위안, 디지털 유로)	지불준비금 계좌	비트코인, 이더리움, 테더, 리브라	은행예금, 모바일 머니, 지역화폐, 상품권, 쿠폰

필자 재구성, 참고: 국제결제은행(BIS) 화폐 분류에 따른 유형별 특징 참고

디지털 화폐는 크게 중앙은행에서 발행하는 것과 그렇지 않은 것으로 구분이 된다. 현재 우리가 일상생활에서 사용하는 대부분의 디지털화된 화폐는 모두 비중앙은행 디지털 화폐이다. 비중앙은행 디지털 화폐 역시 계정형과 토큰형으로 나뉜다.

비중앙은행 디지털 화폐 중 계정형은 민간기업, 지자체 등 중앙은행 이외의 주체가 발행하고 중앙 집중적으로 거래되는 디지털 통화이다. 블록체인과는 무관하다. 게임머니, 포인트, 쿠폰, 마일리지, 모바일상품권, 디지털 지역 화폐 등 특수목적용과 인터넷상에서 송금하는 은행 예금 역시 범용화폐로 모두 여기에 속한다.

비중앙은행 디지털 화폐 중, 토큰형은 최근 들어 급속히 보유자가 늘어나는 암호화폐 영역이다. 정확한 정의는 다음과 같다. "블록체인 기술 기반의 분산원장시스템을 토대로 중앙은행이 아닌 누구나 발행 가

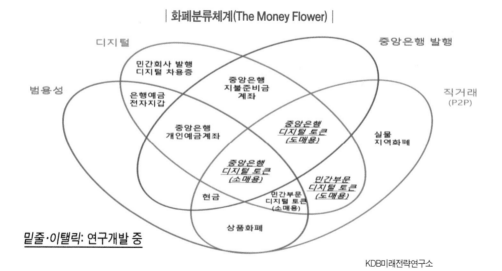

| 화폐분류체계(The Money Flower) |

밑줄·이탤릭: 연구개발 중

KDB미래전략연구소

능하며, 중개기관 없이 누구나 직거래P2P 가능한 디지털 화폐이다. 비트코인, 이더리움 등이 모두 여기에 속한다. USDT, USDC와 같은 스테이블 코인과 페이스북의 리브라, JP모건의 JPM 코인 등도 암호화폐 영역으로 구분이 된다.

IMF 보고서에서, CBDC는 "법정화폐로 쓰기 위해 중앙은행이 디지털 방식으로 발행한 새로운 형태의 돈"으로 정의했다. 중국이 발행하려는 디지털 위안, 미국이 발행하려는 디지털 달러 등은 모두 중앙은행 디지털 화폐CBDC에 해당한다. CBDC와 일반 스테이블 코인을 혼동하는 경우가 있는데 이해하기 쉬운 개념은 CBDC는 중앙은행에서 발행한 디지털 화폐이고, 스테이블 코인은 민간에서 발행한 디지털 화폐라고 생각하면 도움이 되겠다.

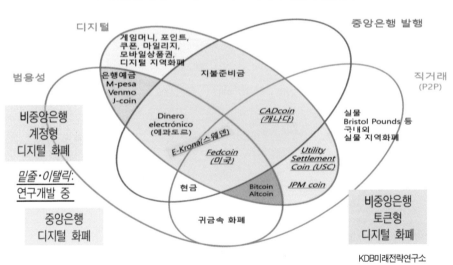

| 화폐분류체계(Meney Flower) - 3가지 디지털 화폐유형 |

KDB미래전략연구소

우리가 다루는 CBDC는 과연 〈화폐분류체계(The money flower)〉 상 어디에 위치하는지 보자.

CBDC는 중앙은행 디지털 토큰(도매용)/(소매용)으로 프라이빗 블록체인 기반의 디지털 토큰을 발행한다. 현재 이 부분을 아직 상용화시킨 곳은 없다. 중국이 가장 앞서서 DCEP란 이름으로 연구개발 중이다.

그림에서 '중앙은행 지불준비금 계좌, 중앙은행 개인예금계좌' 는 이미 오래전부터 지불준비금의 형태로 존재했다. 시중은행이 중앙은행에 예치하는 지불준비금reserve 등은 은행 간 전산망을 통하여 중앙은행 보유 지불준비금 계좌로 전자적 형태로 기록이 된다.

CHAPTER 4

코로나19,
디지털 달러를 소환하다

종이돈을 멀리할 이유가 하나 더 생겼다.

국제결제은행BIS은 종이돈이 바이러스를 옮기는 매개체가 될 수 있다고 경고하였다. 코로나19 위기는 사람들에게 지폐를 멀리할 이유를 하나 더 만들어 주었다. 상점에서는 '현금받지 않음no cash'이라는 안내문을 건 스토어가 점점 늘어났다. 신용카드와 디지털 결제 등이 활성화되면서 cashless(현금없는) 사회는 점점 우리에게 다가 오고 있다.

코로나19는 그러한 흐름에 기름을 끼얹은 격이다. 물론 종이돈이 바

| 현금 받지 않음(no cash), 팻말을 부착한 상점들 |

이러스를 옮긴다는 것에는 근거가 약하다. 영국 에든버러대의 감염전문가 크리스틴 테이트 버커드는 가디언지와의 인터뷰에서 "코로나 바이러스는 플라스틱 카드 표면에 더 오래 남아 있다. 또한 누군가 재채기를 할 때 지폐를 사용하는 것이 아니기에 지폐는 바이러스 전파의 매개체가 될 수 없다"고 했다. 하지만 이미 사람들은 지폐를 기피하는 현상이 퍼졌다. 코로나19 팬데믹Pandemic 감염병 대유행이 선언된 3월 영국에서 현금사용량은 60% 이상 줄었다. 한 조사에서는 응답자의 75% 정도가 현금을 지금 보다 덜 사용할 것이라고 대답하기도 했다.

한편 일부 국가에서는 종이돈에 대해 적극적인 위생 노력을 하기도 한다. 예를 들어 한국은행은 금융기관으로부터 들어온 화폐를 최소 2주간 금고에서 보관한다. 중국도 자외선과 고온 열처리를 통해 화폐를 소독하고 있다. 이래저래 우리는 종이돈과의 이별 시간을 앞두고 있다.

CBDC, 디지털 달러에 대한 태도는 코로나19 이전과 이후로 나뉜다.

[코로나19 이전]

세계 기축통화인 달러USD를 발행하는 미국은 CBDC중앙은행 디지털 화폐를 주목하지 않았다. 미 연방 준비위원회FED, 연준는 2015년 FED 코인을 연구했지만 별다른 성과 없이 2018년 중단했다. 2019년 페이스북 리브라 프로젝트가 발표되었다. 주요국의 화폐, 그리고 국채 등의 안전자산을 기초자산으로 하여 글로벌 단일 화폐를 만들겠다는 프로젝트다. 중앙은행화폐인 CBDC와는 큰 차이가 있다. CBDC는 중앙은행이 발행하는 현금 중 일부를 디지털화한 일종의 디지털 현금이다. 반면 리브라는 민간기업이 시중에 있는 예금기반으로 발행한 디지털 화폐이다. 예를 들어 1만 달러를 리브라 리저브에서 지급준비금으로 보관을 하고, 1만 리브라를 발행해서 페이스북 생태계를 중심으로 리브라 코인이 사용되는 것이다.

하지만 미국 정부는 이를 현 달러 중심의 통화체제를 흔들 '적'으로 인식했다. 트럼프 미국 대통령은 19년 7월 트위터를 통해 페이스북과 리브라 프로젝트를 다음과 같이 비판했다.

"비트코인과 암호화폐는 돈이 아니고 허공에 토대를 두고 있다."

"페이스북 리브라 역시 위상이나 신뢰가 없다."

10월에는 미국 의회 청문회에서 의원들로부터도 부정적인 의견을 들었다. 페이스북은 이미 개인정보보호에 대해서 국민과 의회의 신뢰를 잃어버린 상태였다.

리브라 프로젝트의 발표 이후 중국은 적극적인 CBDC 행보를 보였다. 페이스북은 리브라 프로젝트의 바스켓으로 구성할 수 있는 자산에 위안화만 제외했다. 홍콩달러, 파운드, 엔화, 달러, 주요국가의 안정적인 국채 등이 포함되었지만 위안화는 없었다. 미국 정부의 눈치를 안 볼수 없었을 것이다. 리브라 프로젝트의 리저브에 위안화 제외는 중국을 더 자극했을 것으로 보인다. 이미 5년 전부터 디지털 위안화에 대한 연구를 했었던 중국이 더 지연시킬 이유는 없었을 것이다.

이러한 상황에도 불구하고 미국에선 특별히 유의미한 움직임은 없었다. 20년 2월 미국의 스티븐 므누신 미 재무장관은 미 의회 상원 금융위원회에 출석해 "자신은 물론이거니와 제롬 파월 연방준비제도Fed 의장도 CBDC발행을 고려하고 있지 않다"라고 얘기했다.

"1등은 변화를 두려워한다. 변화하지 않아도 1등을 유지할 수 있다고 판단한다. 2~3등은 새로운 시도와 혁신을 하지 않으면 1등을 따라잡기 힘든 것을 알기 때문에 늘 혁신을 꾀한다."

미국의 달러는 글로벌 기축통화이다. 급진적인 변화로 달러의 위상과 지위가 떨어지는 것을 가장 우려하기 때문에 페이스북의 리브라 프로젝트, CBDC인 디지털 달러에 대해 소극적이었을 것이다.

[코로나19 이후]

미국은 20년 4월, 코로나 긴급 지원금이 1인당 1,200달러씩 지급되기 시작했다. 미 국세청에 은행 계좌가 등록된 8천만 명에게는 지원금이 바로 지급되었다. 하지만 계좌가 없는 7천만 명에게는 수표로 우편 발송을 통해 지급되었다고 한다.

이들 7천만 명은 은행 계좌가 없거나 국세청에 등록된 계좌가 없는 이들이다. 이민자와 결혼한 미국인 120만 명도 지원금 지급이 늦어졌다. 이처럼 코로나19 공적자금을 국민들에게 지급하는 과정에서 누락되거나 지연되는 일이 발생했다.

이러한 상황이 발생하자, 입법부를 중심으로 CBDC를 공적자금의 지급수단으로 대안을 제시하기 시작했다. 미국 민주당 측이 3월 24일 하원에 제출한 법안에 따르면, 미 연방 준비위원회FED 가 국민 개인별 디지털지갑에 구호금을 디지털 달러로 직접 지급하는 형식이었다. 물론 최종안에서 디지털 달러 조항은 삭제가 되었으나 CBDC가 공적자금 지급수단으로 언급된 유의미한 사례였다.

디지털 달러 백서가 발간되었다.

지난 20년 5월 29일 디지털 달러 프로젝트에서 백서를 발행했다. 백서는 사업계획서를 뜻한다. 백서에는 미국 달러를 토큰화해야 하는 이유와 이러한 시스템을 개발하려는 방법이 담겼다. 그런데 발행한 주최가 디지털 달러 재단과 엑센츄어라는 글로벌컨설팅사이다. 어디에도 해당 사업을 실행할 미 연방준비위원회는 백서에 보이지 않았다.

그렇다고 백서가 전혀 의미가 없진 않다. 디지털 달러 재단은 크리스토퍼 장 칼로 전 상품선물거래위원회CFTC 위원장이 이끌고 있다. 그들은 이미 지난 20년 1월 미국 정부에 CBDC발행을 제안하기도 했다. 이후 엑센츄어라는 글로벌컨설팅사와 제휴하여 60페이지짜리의 세부내용이 담긴 백서를 발간하였다.

디지털 달러 발행은 생각보다 단순한 문제가 아니다. 달러는 글로벌 기축통화이다. 디지털 달러가 미치는 영향이 크다. 따라서 사업을 실행해야 하는 미 연준이 공개적으로 해당 프로젝트를 공개하면서 준비하기는 어려웠을 것이다. 어떻게 보면 이렇게 민간에서의 제안들이 앞으로 디지털 달러 사업계획에 의미있는 사전테스트가 될 수도 있다.

디지털 달러 백서에 담긴 몇 가지 특징은 다음과 같다. 미 연준FED-상업은행·상업은행-국민으로 나뉘어진 이중 레이어 구조이다. 즉, 연

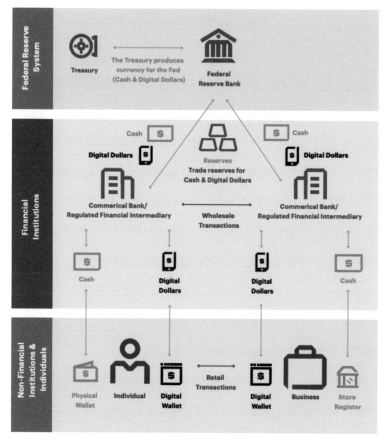

This diagram reflects the current US, two-tier distribution model of physical cash and hypothesized tokenized digital dollars to sit alongside it.

출처 : THE DIGITAL DOLLAR PROJECT

준이 디지털 달러를 발행해 은행에 지급하면, 은행이 국민(이용자)에게 지급하는 형태이다. 상업은행 역시 개인에게 현금과 디지털 달러를 지급하게 되는데 개인의 디지털 월렛 주소에 지급하게 된다.

은행은 고객 계좌에 예금된 디지털 달러를 대출에도 활용할 수 있다는 점도 주목할 만한 부분이다. 즉 신용화폐를 창출할 수 있다는 말 아닌가? 디지털 달러도 신용 창출 화폐로써 활용을 하겠다는 의지로 보인다.

마이너스 금리로 가기 위해서는 CBDC가 필요하다.

마이너스 금리정책은 중앙은행이 정책금리를 음(-)의 영역까지 인하하는 것을 의미한다. 마이너스 금리는 역사적으로도 여러 번의 시도가 있었다. 마이너스 금리에 대한 최초의 아이디어는 20세기 초 게젤Silvio Gesel로부터 시작되었다. 어빙 피셔Irving Fisher는 이를 이어받아 대공황에서 탈출할 수 있는 정책수단으로 보고 미사용 시 구매력이 하락하는 스탬프 화폐 발행을 추진(1932년)하기도 했다. 20세기 초에는 오스트리아의 뵈르글Wörgl시도 스탬프방식을 이용해 현금을 발행하고, 매월 현금의 구매력이 액면가의 1%만큼 하락하는(연 12% 감소) 실험을 진행하였지만 위헌 결정으로 중단되었다.

케인즈Keynes, J. M. 또한 유동성 함정liquidity trap 상황을 타계하기 위해 스탬프 화폐 발행을 활용 가능한 방법이라고 주장하기도 했다(저서: 고용, 이자 및 화폐의 일반이론).

| 오스트리아 뵈르글시의 스탬프 화폐 발행 실험 |

한국은행 중앙은행 디지털 화폐 보고서

이렇게 마이너스 금리에 대한 시도는 역사상 여러 차례 있었으나 의미 있는 결과를 이루어내진 못했다. 현재 구조에서는 마이너스 금리 적용이 현실적으로 어렵다. 현금으로 출금 후에 집에서 보관해 버릴 경우 종이돈에 마이너스 금리 적용은 불가능하기 때문이다.

크리스토퍼 장 칼로 전 미국 선물거래위원회CFTC의장은, "CBDC가 잠재적으로 정교한 재정정책 운용과 통화위기 대응을 위한 새로운 도구가 될 수 있다"고 말했다.

장 칼로가 제안한 CBDC의 장점은 기준금리의 마이너스 운용이 가능하다는 것이다.

필자가 생각하는 CBDC의 핵심은 '마이너스 금리에 대한 대처와 영향력'이다. 미국이 경제 위기 시마다 금리를 낮춰서 방어했으나 이번에는 더 내릴 구간이 없다. 이것은 미국 경제에 심각한 타격을 줄 수 있다. 이것을 방어할 수 있는 마지막 수단이 CBDC이다.

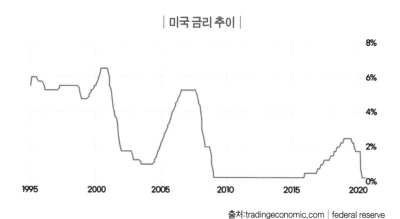

| 미국 금리 추이 |

출처:tradingeconomic.com | federal reserve

임동민 교보증권 연구원은 "중앙은행이 CBDC를 발행하면 지금보다 훨씬 다양한 통화정책을 운용할 수 있다. 가령 당장 사람들이 소비를 많이 해야 하는 상황이라고 판단될 경우에는 현금에 마이너스 금리를 적용하는 방법을 쓸 수 있다"고 설명했다.

중앙은행 디지털 화폐에 마이너스 금리가 적용되면 시간이 지날수록 내가 가진 돈의 가치가 하락하게 된다. 그러므로 돈을 보관하기보다는 당장 필요한 소비에 사용하는 사람들이 많아지게 된다. 기업도 여윳돈을 회사에 쌓아두기보다는 당장 지불해야 할 비용을 선지급하거나 투자 활동에 나설 이유가 커진다.

"마이너스 금리 부과 시에는 경제주체의 현금 보유가 적절히 통제될 경우 내수진작 등의 효과를 기대할 수 있을 것으로 예상됨."

- 한국은행, 중앙은행 디지털 화폐 보고서

CBDC 도입은 개인, 기업에 조건 없이 계좌 서비스를 제공함에 따라 일반적으로 금융포용의 정도를 제고시키는 효과가 있을 뿐만 아니라, 현금보다 거래기록 추적이 용이하여 불법 자금, 지하경제 문제를 완화하는데도 기여할 수 있다.

- 한국은행, 중앙은행 디지털 화폐 보고서

CHAPTER 5

중국이 디지털 위안화 발행을 서두르는 이유

DCEP란?

DCEP는 디지털 통화 및 전자결제, Digital Currency Electronic Payment 의 약자이다. 보통 대부분 나라의 중앙은행 디지털 화폐는 CBDC^{Central Bank Digital Currency}라 불리지만 중국은 DCEP라 명명했다. 디지털 위안화 라고 부르기도 한다. 하지만 Electronic Payment란 이름에서 나타나듯 이 전자지불결제에 더 비중을 두고 설계할 것이란 걸 짐작할 수 있다.

| DCEP 그래픽 |

모바일 페이의 한계와 위안화 국제화

중국은 모바일 페이가 폭발적으로 성장한 국가이다. 스마트폰 보급률은 우리나라에 뒤처지지만 모바일 결제는 훨씬 활성화되어 있다. 우리나라를 포함한 대부분의 선진국의 경우 현금에서 신용카드, 모바일로 결제단계가 진화했다. 반면 중국은 신용카드 단계를 건너뛰고 바로 모바일 결제가 상용화되었기 때문이다. 모바일 결제의 중심엔 알리페이, 위챗페이가 있다. 2019년 중국의 모바일 결제 이용률은 71.4%에 달한다. 한국의 26.1%의 2.7배 수준이다.

이렇게 발달한 모바일 페이이지만, 위안화 국제화를 위한 해외결제 확산에는 한계가 있다. 모바일 페이는 은행의 지급계좌에 연동되어 있어 중국의 은행망을 통해 결제하는 구조이다. 즉, 중국은행을 이용하지 못하는 사용자나 지역은 제한될 수밖에 없다. 모바일 페이로 '위안화 국

| 중국 베이징에서 한 주민이 길거리 과일상에서 QR코드로 결제하고 있다 |

출처=코인데스크코리아

제화'를 달성하기에는 어려움이 있다. '위안화의 국제화'를 하려는 의도
는 미국의 '달러 무기화'에 대항하는 측면도 있다.

"달러의 무기화가 우려된다. 위안화의 국제화에 더 속도를 내야 한다."

-2019.7 국제통화포럼 '후샤오롄 중국 수출입은행 이사장

글로벌 결제 시스템은 미국 주도의 국제은행 간 결제 시스템인 스위
프트SWIFT에 의존하고 있다. 중국도 국제적인 무역·금융·투자 시 지급
수단으로 달러에 의존하고 있으며, 홍콩의 금융기관들이 그 관문 역할
을 하고 있다. '스위프트'(SWIFT·국제은행간통신협회) 자료에 따르면 중
국은 위안화 국제화 노력에도 불구하고 국제 지급거래에서 달러 비중
이 42%지만 위안화는 1.9%에 불과하다고 한다. 게다가 위안화 국제결
제의 70%는 홍콩에서 일어난다. 실제로 지난 홍콩 보안법 제정과 관련
된 보복으로 미국과 중국의 갈등이 고조화되면서 미국의 달러 결제 시

| 각국 통화별 국제 지급 결제 비중 |

미국 달러	42.2
유럽 유로	31.7
영국 파운드	7.0
일본 엔	3.5
캐나다 달러	2.0
중국 위안	1.9

(단위: %)

* 자료: 국제은행간통신협회(SWIFT)

| 중국의 '위안화 국제화' 주요 노력 |

원자재 구매 시 위안화 결제 확대

아시아·아프리카 '일대일로 블록' 구축

내수 활성화 통한 구매력 증대

디지털위안화 추진

* 자료: 언론 종합

스템망에서 중국이 퇴출당할 것이란 우려도 있었다. 이러한 우려들은 중국으로 하여금 위안화 국제화의 필요성을 더 높게 하였다.

국제송금, 무역 결제 분야에서 디지털 위안화는 달러 중심의 국제 통화체제에 큰 위협이 될 수 있다. 특히 중국이 국내 은행 간 거래를 넘어 일대일로[16] 구상과 관련해 국제 결제, 송금을 디지털 위안화로 이용을 추진한다면 달러의 기축통화 지위를 빠르게 넘볼 수도 있다.

페이스북 리브라로 인해
디지털 위안화 도입 속도는 더 빨라졌다.

2019년 6월 페이스북이 리브라 백서를 내놓으며 세상을 떠들썩하게 했다. 전 세계 17억 명의 금융 소외 계층에게 은행에 갈 필요 없이, 은행 계좌 없이도 간편 금융 서비스를 제공하겠다는 것이다. 리브라는 달러 등 5개의 법정화폐(달러 50%, 유로 18%, 엔화 14%, 파운드 11%, 싱가포르 달러 7%)를 묶어 발행하는 스테이블 코인(리브라1.0)이다. 그런데 리브라의 기초자산이 되는 법정화폐 중 위안화는 빠져 있었다.

페이스북의 리브라Libra 프로젝트 발표 소식은 중국의 위안화 국제화의 노력에 적색등이 커지는 내용이었다. 페이스북은 글로벌 27억 명 이상의 사용자가 네트워크로 연결되어 있다. 그들이 만들어내는 글로벌 단일 통화는 중국뿐 아니라 각국의 금융당국을 긴장하게 할 수밖에 없었다.

---

16 일대일로 2014년 11월 중화인민공화국 에서 개최된 아시아 태평양 경제 협력체 정상 회의에서 시진핑 주석이 제창한 경제권 구상이다. 이는 중국과 중국 이외의 유라시아 국가들을 연결하고 협동하도록 하는 것에 그 목표를 두고 있는 계획

그중 반감이 심했던 국가는 중국이었고 가장 빨리 대응을 하였다. 중국은 이미 수년 전부터 연구 중이던 디지털 위안화 프로젝트를 세상에 발 빠르게 공개했다. 그것이 DCEP Digital Currency Electronic Payment이다.

디지털 위안화DCEP의 특성 1 :
비트코인과도 다르고 위챗, 알리페이와도 명확히 다르다.

디지털 위안화는 현금으로 거래되는 위안화를 디지털로 전환해 놓은 것이다. 현금과 같은 효력을 가진다. 위챗페이와 알리페이는 사용하기 위해 은행계좌와 연동이 되어 있어야 한다. 하지만 디지털 위안화DCEP는 사용자와 사용자 간의 이체가 은행계좌와 독립적이다. 얼마 전 20년 10월, 중국은 선전시 시민 5만 명에 디지털 위안화를 발급해 첫 공개 실생활 테스트를 진행하였다. 당첨된 시민은 '디지털 위안화 앱'을 다운받고 간단하게 돈을 받을 수 있었다. 돈을 받은 당첨자들은 알리페이나 위챗페이같이 간편결제 사용하듯 디지털 위안화를 사용했다. QR코드를 스마트폰으로 스캔하면 디지털 지갑에서 돈이 빠져나갔다. 기존 간편결제 시스템은 연동된 은행계좌에서 돈이 빠져나가지만, 디지털 지갑은 중간 매개없이 바로 잔고에서 빠져나간다.

디지털 위안화DCEP 기능에 추가로 무엇이 있을까? 부딪히기 기능('펑펑푸'기능, '부딪혀봐요'라는 뜻의 중국어)이 있다. 스마트폰을 서로 맞대기만 해도 결제가 되거나 송금이 된다. 마치 지갑에서 현금을 꺼내 가게 주인에게 건네는 것과 같은 셈이다. 이것은 NFC(근거리에서 무선 데이터를 주고받는 통신 기술)기반의 결제 기능이다. 예를 들어 비행기나 산간 지역, 오지 등 인터넷이 연결되지 않는 곳에서는 위챗페이나 알리페이로는 결제가 불가능하지만, 디지털 위안화DCEP는 스마트폰에 배터리만 있다면 언제든지 가능하다.

지금 세계 인구가 78억인데 그중 절반이 인터넷이 미개통되었거나 은행구좌가 없다. 부딪히기 기능은 이러한 사람들도 디지털 위안화를 사용할 수 있게 해준다. 디지털 위안화DCEP의 이러한 특성은 은행계좌가 없는 금융 소외계층도 이용이 가능함을 보여준다.

디지털 위안화DCEP는 비트코인, 이더리움과 같은 암호화폐와도 완전히 다른 특성을 가지고 있다. 가격 변동성이 거의 없다. 1위안의 가치로 유지된다. 비트코인이나 이더리움은 탈중앙화된 암호화폐로 가격이 시장의 거래자들에 의해서 형성되어 가격 변동성이 클 수밖에 없다. 하지만 디지털 위안화는 중앙은행이 1위안화의 가치를 보장해 주므로 가치가 안정화되어 있다.

디지털 위안화는 프라이빗 블록체인Private Blockchain을 이용하여 대량의 거래가 처리 가능한 구조이다. 반면 비트코인과 이더리움은 퍼블릭 블록체인Public Blockchain이기 때문에 거래속도 지연 등 기술병목현상이 늘 발생한다. 현재 비트코인은 초당 7~8건의 거래를 처리할 수 있고, 이더리움은 10~20건 정도의 처리 속도를 지닌다. 18년 광군제 당시 알리바바가 대규모 할인 행사를 열면서 최대 거래량이 초당 9만2771건임을 감안할 때 퍼블릭 블록체인의 한계를 알 수 있다.

디지털 위안화DCEP의 특성 2 :

돈이 어디로 이동되는지 다 기록된다 - 통제 가능한 익명성

현금은 오프라인에서 사용할 때 익명성을 유지할 수 있다. 하지만 디지털화될 경우 모든 거래는 중앙의 서버에 자취를 남긴다. 중국 정부가 마음만 먹는다면 언제든지 지갑 소유자의 거래내역을 들여다 볼 수 있다. 국민들이 돈을 어떻게 쓰는지 감시하는 도구로도 쓸 수 있다. 익명성이 사라지는 순간이다.

이러한 논란이 있는 가운데 중국은 '통제가능한 익명성Controllable anonymity'이라는 표현을 강조했다. 물과 기름처럼 섞이지 않을 듯한 저 문구의 의미를 보자. "범죄를 저지르지 않는 한, 익명성을 보장하겠다"이다. 범죄에 대한 정의를 하는 주체는 누구인가? 범죄에 대한 정의를 하는 주체의 입맛에 따라 익명성 보장 여부가 달라진다라는 의미로 해석할 수 있지 않을까.

| 중국 디지털 위안화 작동 원리 |

출처:조선일보, '실체 드러난 디지털 위안화'

디지털 위안화의 실제 구조를 조금 더 들여다 보자. 발행기관인 인민은행과 운영기관인 상업은행으로 나뉜다. 인민은행은 모든 거래정보를 완전히 파악할 수 있다. 하지만 운영기관인 상업은행은 일부 제한된 정보만이 확인 가능하다. 당국은 '통제 가능한 익명성'이라는 표현을 쓰고 있지만, 인민은행은 거래 전반적인 거래정보를 포괄적으로 파악하고 모니터링, 분석이 가능해진다. 모든 장부를 인민은행이 갖고 있다면 결국 누가, 누구에게 얼마를 보냈는지에 대한 거래내역을 모두 파악할 수 있다.

디지털 위안화DCEP의 특성 3 : 빠르고 쉬운 국제 지급 결제

디지털 위안화는 디지털화된 법정화폐이다. 중국은 매년 엄청난 수의 관광객을 해외로 보내고 있다. 중국 관광연구원에 따르면 2019년 중국인 해외 여행객 수는 전년대비 12% 증가한 1억 6,800만 명에 다다른다. 이는 세계 여행객 수의 11.5%에 해당하는 수치다. 이러한 중국 관광객의 스마트폰 디지털 지갑에, 디지털 위안화가 담겨 있다면 어떻게 될까? 종이돈은 거래하기 불편했지만, 스마트폰 터치만으로도 소액 결제가 가능한 디지털 위안화를 한국 명동에 있는 가게들이, 각국 관광지에 있는 가게들이 그냥 보고만 있을까? 당연히 결제수단으로 쓰이게 될 가능성이 매우 높다. 이는 은행망을 거치지 않고도 스마트폰으로 결제가 이루어지기 때문에 이루어질 수 있는 현상들이다.

또 하나의 예를 들어보자. 아프리카에 있는 기업이 중국기업에 물품을 수출했다. 중국기업에게 스마트폰으로 디지털 위안화를 바로 받을 수 있다. 그 디지털 위안화로 알리바바에서 쇼핑을 하고 물건을 바로 받을 수 있다. 그렇다 보니 디지털 위안화를 아프리카의 자국 화폐로 급하게 바꿀 필요는 줄어들게 된다. 은행이 없어도 스마트폰에서 스마트폰으로 안전하게 결제할 수 있다는 점이 디지털 위안화, 즉 DCEP의 강력한 도구이다.

PART 7

미래금융 디파이
(탈중앙금융)
시대가 온다

CHAPTER 1

상상 그 이상의 금융, 이미 방향은 정해져 있다

왜 디파이De-fi를 알아야 하는가?

블록체인은 가치의 인터넷이다. 블록체인이라는 기술을 통해 다양한 시장의 문제들을 해결할 수 있다. 그중에서 가장 획기적으로 해결할 수 있는 영역은 '금융'이다. 크립토 금융Crypto Finanace이라고도 부른다. 은행이 없어도 디지털자산을 통한 서비스를 구현할 수 있는 핵심 도구이자 개념이 탈중앙화된 금융, 디파이De-fi이다. 그저 한순간 지나가는 트랜드로 보지 말아야 할 이유다. 필자가 볼 때 디파이De-fi는 극초기이다. 다양한 실패와 성공사례들이 나오고 있다. 실패사례가 나오더라도 오픈소스 생태계라 아주 빠르게 개선되고 발전되어 나가는 모습을 볼 수 있다.

여러분은 글로벌한 금융 서비스를 만들 꿈을 꾼 적이 있는가? 우리가 그 대단하다고 하는 카카오뱅크나 핀테크 대표주자인 토스Toss도 글로벌 서비스를 구현하는 시도는 쉽게 도전하지 못한다. 이유는 여전히 국가간의 높은 장벽이 있는 '금융'이어서 그렇다. '금융'이 아닌 '인터넷 서

비스'는 개발자들이 만들지 못하는 서비스가 없다. 하지만 금융이라는
영역은 라이센스가 있어야 하고 기득권이 견고하다. 디파이de-fi는 그
꿈을 꾸게 해 줄 것이다. 그게 가능한 이유를 지금부터 알아보자

디파이De-fi에 예치된 자산이 계속 증가한다.

은행의 수준을 평가할 때 예치금액은 중요 지표 중 하나이다. 비슷하
게 디파이에서는 TVLTotal Value Locked이라는 지표가 있다. 해당 프로토
콜에 예치된 자산을 뜻한다. TVL이 성장하고 있다는 것은 디파이 서비
스에 예치된(락업된) 자산이 증가한다는 뜻이다. 2020년 1월 디파이의
총 예치자산TVL은 6억 달러였지만, 8월 말에는 90억 달러에 육박하기에
이른다.

2020년 연초 대비 15배가 넘는 성장을 하고 있다. 예치된 자산이 늘
어난다는 것은 어떤 이유이든 분명 의미 있는 결과이다. 사실 기존 금
융시장의 규모와 비교하기에는 너무나 작은 수치다. 하지만 이 시장의

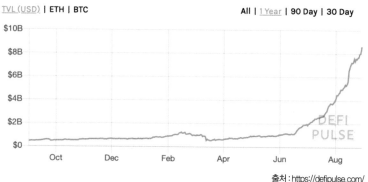

| 디파이De-fi에 예치된 자산규모 |

출처 : https://defipulse.com/

성장 가능성에 초점을 둘 필요가 있다.

미래의 금융, 이미 방향은 결정되어 있다.

디파이 섹터의 성장 가능성과 그 방향에 대해 확신을 가지는 인물이 있다. 크립토 VC 해시드의 김서준 대표가 인터뷰한 내용을 가감 없이 옮겨본다.

방향은 결정되어 있다고 확신한다. 우리는 지금 인터넷의 시대에 살고 있다. 모든 개발자가 자기가 원하는 어떤 서비스든 만들 수 있다. 여기에 예외 사항이 있다. 금융 관련된 서비스는 원하는 대로 만들 수 없다. 인터넷이 정말 개방형 인터넷이면 가치를 가지는 재화도 돌아다녀야 하는데, 사실 지금 인터넷에 돌아다니는 재화는 가치가 없는 재화이다. 제가 지금 페이스북에 쓰는 글이 가치가 있으면 그냥 쓰면 안 된다. 누군가 복사해서 다른 곳에 옮기면 가치가 떨어지기 때문이다.

그래서 데이터의 종류는 두 가지가 있다고 생각한다. 첫 번째는 가치가 있다고 말하지만, 사실은 가치가 없는 데이터로 그걸 다루는 것이 지금 퍼블릭 인터넷이다. 두 번째는 가치가 있는 데이터인 의료, 금융 데이터이다. 그 데이터는 퍼블릭 인터넷에 없다. 대부분 정부가 라이센스를 준 기업만 가지고 있다. 정부가 은행한테는 너희가 돈을 맡아 놓고 관리해, 송금업체는 해외송금은 너희가 해 이렇게 찍어준다. 그게 권력이 되고, 사일로가 된다. 토스의 성장 과정을 지켜봐도 어려웠다. 은행 하나씩 뚫고 연결할 때 많은 에너지가 들었다. 이 권위를 나눠 준다는 게

어렵다고 생각한다. 서비스영역에서는 개발자들이 다 만들 수 있는데 핀테크 회사에서는 어렵고 혁신이 안 나오는 이유가 폐쇄적인 금융기관들 하나를 뚫기 어렵기 때문이다.

비트코인이 증명한 건 라이센스고 뭐고 다 필요 없고, 그냥 블록체인 기반으로 네트워크 만들면 여기 있는 원장은 은행보다 더 해킹할 수 없는 원장이라는 것을 비트코인이 증명해 냈다. 여기 있는 데이터는 기본적으로 오픈 API이다. 인스타댑이라는 디파이De-fi 서비스가 있다. 디파이의 토스 같은 서비스. 굉장히 많은 크립토 금융서비스를 모아서 깔끔한 프론트 엔드에서 관리 가능하게 한다. 클릭 한번으로 이자를 더 많이 주는 다른 디파이 서비스로 갈아타고 옮길 수 있다. 누가 개발했나? 인도의 19살, 21살 개발자 2명이 만들었다. 만들어진 지 4개월 만에 샌프란시스코에 있는 판테라 캐피탈 VC에서 120억 밸류(가치)에 30억 투자를 받았다. 개방형 네트워크에서는 남들이 만든 상품 끌어다가 나의 창의적인 아이디어를 보태 만들 수 있다. 인도, 베트남 등 글로벌 각국의 개발자들이 뛰어들고 있다.

- Crypto VC, Hashed Simon Kim

CHAPTER 2

탈중앙화 금융, 디파이De-fi란 무엇인가?

탈중앙화 금융, De-fiDecentralized Finance의 정의는?

블록체인 네트워크를 기반으로 운영되는 탈중앙화된 금융서비스이다. De-fi탈중앙화 금융, Decentralized Finance에 속하는 시스템은 암호화폐 담보대출부터 시작해 스테이블 코인, 암호화폐 지갑 / 탈중앙 암호화폐 거래소DEX, 암호화폐 지급결제, 보험, 예측시장 등 다양한 분야를 광범위하게 포함한다. 넓은 의미에서 스마트 계약을 사용하여 진행하는 ICO도 디파이De-fi의 영역에 들어간다.

사실 위에서 표현한 정의가 정확하지만, 이 책을 읽은 독자들은 감이 잘 안 올 것으로 생각한다. (중앙화된) 금융을 늘 이용해왔던 우리에게, 탈중앙화된 금융이란 표현이 낯설 수밖에 없다. De-fi탈중앙화 금융 Decentralized-Finance이라는 용어가 나오면서, 그와 반대되는 우리가 지금 이용하고 있는 금융 서비스를 Ce-fi중앙화된 금융 Centralized- Finance로 표현을 하게 되었다.

특정 회사나 사람을 믿어야 하면 시파이Ce-fi이고, 탈중앙화된 프로토콜을 믿어야 하면 디파이De-fi다.

Ce-fi Centralized- Finance : you have to trust to the company

De-fiDecentralized Finance : you have to trust to the protocol

| 기존 금융과 De-fi 차이 |

구분	기존 금융	De-Fi
허가	특정 고객	네트워크 상 존재하는 모든 고객
운영체 주체	중앙화	탈중앙화
중개인	신뢰 기관 필요	네트워크 참여자가 대체
투명성	특정 사용자만 접근 가능	모든 사용자가 거래 기록을 공유
검열 방지	검열 기관에 의해 특정 거래 삭제 가능	하나의 주체가 특정 거래 기록 무효화 불가능
프로그래밍 기능	특정 소프트웨어로 한정된 프로그래밍	오픈 소스를 통한 자유로운 프로그래밍

출처 : Hexlant Research

조금 더 직관적으로 아래 그림과 같이 비교할 수 있다.

핀테크Fin-tech와 디파이De-fi보다 쉽게 이해를 하려면 뭐가 좋을까? 은행을 기반으로 한 기존 금융은 최근 핀테크Fin-tech로 인해 큰 변화를 맞

| 은행과 디파이의 쉬운 비교 |

종이돈
Paper Money

은행
Bank

계좌
Account

스테이블 코인
Stable Coin

디파이 시스템
Defi System

블록체인 지갑
Blockchain Address

이하고 있다. 핀테크Fin-tech는 기술을 통해서 고객에게 자동화되고 효율적인 금융 서비스를 제공하는 것을 일컫는다. 국내에 토스Toss 같은 서비스가 대표적이다. 토스는 상대방의 계좌를 몰라도 전화번호만 알고 있으면 송금이 가능한 편의를 제공하면서 시장에 진입했다.

기술로써 효율과 편의를 제공한 것이 핀테크Fin-tech라면, 디파이De-fi는 은행이 없이도 디지털 자산으로 금융 서비스를 제공할 수 있다고 보아야 한다. 내가 어떤 신용을 가지고 있는지, 누구인지에 상관없이 전세계 누구나 인터넷만 연결되어 있다면 이 디파이De-fi를 이용할 수 있다. 은행의 계좌를 갖고 있지 않은 사람도 디파이De-fi의 고객이 될 수 있다. 이번 파트에서 다루는 메이커다오, 컴파운드 프로토콜 등의 대표적인 서비스를 보면서 디파이De-fi의 미래를 그려보자.

디파이의 장점 - 무신뢰성, 결합성, 오픈소스

빌려주는 쪽이나 빌리는 쪽에서 신원인증KYC 절차가 필요 없다. 어느 나라에 살든, 어떠한 신용등급을 가졌든 디파이De-fi를 통해서 가상자산을 빌려줄 수도, 대출할 수도 있다. 하지만 이 부분은 각국에서 규제가 마련됨에 따라 어느 정도 중간지점에 머무를 가능성이 크다.

무신뢰성Trustless 특정 주체를 믿지 않아도 된다. 중개자 리스크가 낮다. 기존 금융에서는 자금을 예치하거나, 운용하는 주체인 회사가 있다. 그들에 의해서 자금이 잘 운용될 수도 있지만, 횡령이나 유용될 수도 있다. 손실을 발생시키고 고객에게 전가할 수도 있다. 그래서 그 기관의 신뢰도는 매우 중요하다. 하지만 디파이는 그러한 염려는 상대적으로 많이 줄어든다. 예금, 담보설정, 대출 모든 과정을 스마트 계약으로 구현해 놓기 때문에 제3자가 임의로 조작하기는 원천적 불가능하다.

다만 스마트 계약이 잘 구현되어 있다는 전제는 있다. 스마트 계약도 개발자가 비즈니스 로직을 프로그래밍하는 것이기에 그 로직 자체가 오류일 경우도 존재하기 때문이다. 그 코드를 제대로 평가할 만한 수준이 아니라면 역시 위험에는 노출되어 있다. 다만 오픈소스로 구현이 되고, 개발 커뮤니티가 잘 만들어진 프로젝트의 경우 커뮤니티 내에서 검증을 하며 완성도를 높여가는 모습을 흔하게 볼 수 있다.

지금까지 우리가 서비스를 이용할 때, 우리는 은행을 비롯한 제3자의 계좌에 자산을 집어넣고 서비스를 이용하는 것이 일반적이었다. 이러한 것을 Custodial wallet(제3자의 지갑에 보관)이라고 한다. 하지만 디파이 세계에서는 대부분 Non-custodial wallet(개인소유의 지갑에 보관)이다. 이게 뭐냐면 내가 가지고 있는 자산에 대한 통제권이 나에게 있다는 것을 의미한다. 제3자에게 그 통제권을 줄 필요 없이 다양한 금융 서비스를 이용하는 것이 장점이다.

중개자를 스마트 계약으로 대체해 기존보다 중간비용(ex. 수수료)이 매우 낮고 입출금이 자유롭다. 또한 마감 시간이 있는 것도 아니고, 오픈 시간이 있는 것도 아니다. 파업해서 잠시 운영을 중단하는 일도 없다.

마지막이 사실 가장 큰 파괴력을 가지는 장점이다. '결합성'이다. 어려운 표현일 수도 있는데 아주 중요한 부분이라 먼저 이해하기 쉬운 비유를 해 보겠다.

최근 들어 금융당국의 주도로 오픈뱅킹이 도입되었다. 하나의 금융

앱에서 다른 은행의 계좌 서비스들도 이용이 가능해졌다. 하나은행 앱을 이용하는데 우리은행, 신한은행에 있는 나의 계좌들을 훤히 다 들여보고 입출금까지 할 수 있으니 꽤 편리함을 느낀다. 사실 기존에는 내가 하나은행의 앱에서 다른 은행의 계좌 서비스를 이용한다는 건 굉장히 어색한 일이었다. 이 오픈뱅킹이 제한된 '결합성'의 사례라고 볼 수 있다. 여기서 제한되었다고 하면 타은행의 계좌조회/입출금까지 가능한 점 그리고 해당 은행이 허락을 해주어야 가능하다는 점이다. 언제든지 해당 API를 제공하는 은행이 정보를 주는 것을 차단한다면, 더이상 타행의 정보를 가져올 수 없다.

하지만 디파이에서 결합성이란, 제한된 결합성이 아니다. 스마트 계약 표준에 따른다면 제공하는 기능의 범위가 굉장히 넓고, 제공자가 임의로 차단하거나 할 수 없다. 메이커다오 프로젝트의 DAI라는 1달러 가치의 스테이블 코인이 있다. DAI를 활용한 굉장히 다양한 탈중앙 애플리케이션dApp이 출시되어 있는데 그들이 그때마다 메이커다오 팀에게 허락이나 동의를 구하고 서비스를 만들지 않아도 된다는 것이다.

대부분의 스마트 계약들이 오픈소스로 되어 있기 때문에 누구나 어떤 스마트 계약을 참조해도 누가 방해하거나 막을 수 없다. 실제로 셋 프로토콜SET Protocol에서 컴파운드Compound 스마트 계약을 참조하기도 하고, 인스타댑[17]에서는 여러 가지 다른 랜딩 프로토콜을 가져와 한 곳

---

17 인스타댑Insta DApp 여러 디파이 플랫폼을 연동시킨 통합 인터페이스 제공, 여러은행의 자산을 한번에 관리 가능한 핀테크앱과 유사

에서 보여주기도 한다. 서로 참조하면서 성장해 나간다.

결합성이 가능함에 따라 소수의 개발자가 다른 디파이 서비스의 스마트 계약을 참조하며 더 나은 서비스를 계속 출시가 가능하다. 기존의 핀테크 회사에서 금융 서비스를 내기 위해서는 은행이나 기존 금융회사로부터 API를 받아내기 위한 어려운 과정을 거쳐야 한다. 하지만 디파이De-fi에는 그런 것이 없다.

블록체인 전문 투자사, 해시드의 김경진 심사역에 따르면, "디파이의 결합성으로 인해 기존 금융에서는 보지 못했던 기상천외한 앱과 서비스들이 블록체인을 통해 가능해질 것"이라고 강조했다.

CHAPTER 3

디파이의 시초
- 메이커다오Maker DAO

암호화폐 담보 기반 스테이블 코인

우리가 메이커다오 프로젝트를 눈여겨 보아야 할 이유는 수백 개의 디파이 프로젝트 중 가장 두각을 나타낸 프로젝트이기 때문이다. 앞서 Part 6에서 언급했던 암호화폐 담보 기반 스테이블 코인이다. 메이커다오는 2017년에 시작하였고 1달러의 가치에 연동된 DAI라는 스테이블 코인을 발행하고 있다.

지금 이 순간에도 인도, 베트남, 그리고 유럽의 어느 개발자는 오픈소스로 구현된 메이커다오의 DAI 토큰을 활용한 새로운 디파이De-fi 서비스를 만들고 있을 것이다. 그 누구도 메이커다오 재단의 허락이나 동의를 구하지 않고 그들의 데이터를 가져와서 세상을 바꿀 서비스를 만들고 있을 것이다.

테더USDT라는 암호화폐가 있다. 테더USDT는 1달러의 가치에 유지되는 스테이블 코인이다. 어떻게 1달러의 가치에 유지가 될까? 테더USDT는 법정화폐 담보 방식으로 발행된다. 재단(회사)에서 보유한 달러만큼 암호화폐테더를 발행하는 것이다. 적어도 현지까지는 1테더USDT는 1달러의 가치로 대부분의 암호화폐 거래소에서 실제 거래가 이루어지고 있다.

하지만 이 방법의 문제는 재단이 얼마만큼의 달러를 보유하고 있는지에 대한 검증이 잘 안된다는 점이다. 얼마든지 보유 중인 달러를 조작 가능하기 때문이다. 위 방법의 문제를 해결하고자 나온 것이 메이커다오의 DAI 토큰이다. 테더가 보유한 달러의 양만큼 발행했다면 DAI 토큰은 보유한 이더리움의 양만큼 발행한다. 그리고 그 모든 과정이 스마트 계약으로 구현이 되어, 이더리움의 보유량/DAI의 발행량 등 모든 값이 투명하게 오픈된다.

원리는 주식담보대출 그리고 전당포와 유사하다.

아무래도 생소한 구조를 이해하기 위해 비교하기 좋은 예가 있다. 기존 금융의 주식담보 대출과 구조가 유사하다. 본인이 보유하고 있는 주식을 담보로 필요자금을 대출받는다. 암호화폐 담보 대출 역시 같은 이치다. 주식 대신 암호화폐를 담보로 하는 것이고, 원화 대신 스테이블코인을 대출해 주는 개념이다. 주식담보대출은 증권사가 제3자의 역할을 하고 있으나, 메이커다오는 특정한 3자가 없더라도 프로그래밍된 스마트 계약이 동일한 역할을 해준다는 것이 다른 점이다.

메이커다오의 원리는 전당포를 생각하면 이해가 쉽다. "전당포에 금반지를 맡기고 현금을 대출받는다. 그리고 이에 대한 수수료, 즉 이자를 지불하게 된다." 메이커다오에는 전당포의 개념인 CDP담보 부채 포지션

| 메이커다오의 기본 구조 |

① **담보물 맡김**
🔹 1ETH ($150)

② **대출금 발행**
🔹 100DAI ($100)

③ **대출금 상환 및 담보물 반환**
Ⓜ MKR로 수수료 지불(연 10%)

사용자

MAKER

메이커 플랫폼

출처 : Coinone Research

Collateralized Debt Position가 있다. CDP를 통해서 이더리움을 담보물로 맡기고, DAI 대출받는다. 그리고 MKR 토큰을 수수료로 지급한다. 전당포는 아무 물건이나 받아주지 않는다. 담보가치가 있는 물건만 받아준다. 메이커다오 역시 현재 가능한 담보물은 이더리움, 베이직 어텐션토큰BAT, USDC, WBTC, TUSD, KNC, ZRX, MANA 등 총 7개의 암호화폐가 담보 가능하다. 담보 가능한 자산은 계속 늘어날 것이다

| 메이커다오 담보가능자산(좌)과 예상 랜딩가능금액(우) |

How much can I borrow?
To see how much liquidity you can get right now, enter your desired collateral type

COLLATERAL TYPE 🔹 Ethereum ▼

COLLATERAL AMOUNT
Ⓐ BAT
Ⓤ USDC
Ⓦ WBTC
Ⓣ TUSD
Ⓚ KNC
Ⓩ ZRX
Ⓜ MANA

DAI IS AVAILABLE FOR
The above figure assume

How much can I borrow?
To see how much liquidity you can get right now, enter your desired collateral type

COLLATERAL TYPE 🔹 Ethereum ▼

COLLATERAL AMOUNT
350 ETH

UP TO
🔹 68,248

DAI IS AVAILABLE FOR YOU TO GENERATE RIGHT NOW
The above figure assumes a Collateralization Ratio of 200%.

출처 : https://makerdao.com

DAI의 시가총액은 폭발적으로 성장할 것이다.

2017년 DAI가 발행 가능했던 담보자산은 이더리움이었다. 즉 DAI의 시총은 이더리움의 시총을 넘을 수가 없었다. 모든 이더리움을 담보로 DAI를 발행한다고 하더라도 이더리움보다 더 큰 규모는 만들 수가 없기 때문이다. 하지만 담보자산들이 추가되면서 향후 성장에 대한 캡CAP을 걷어버렸다. 적어도 의미 있는 두 가지의 가상자산이 추가되었기 때문이다.

1)USDC[18]를 담보자산으로 활용할 수 있다. USDC는 테더USDT 다음으로 시총이 큰 달러와 연동된 스테이블 코인이다.

2) WBTC[19]이다. WBTC는 비트코인을 담보로 이더리움 네트워크에서 발행된 비트코인과 가치가 연동된 코인이다. 즉 비트코인을 담보로 발행되었기 때문에 비트코인의 시총 역시 DAI로 가져올 수 있다고 예상할 수 있다.

아래는 DAI 토큰을 발행하는 메이커다오 프로젝트에 예치(담보)된 이더리움의 크기 변화를 볼 수 있는 그래프이다.

메이커다오에는 1달러에 연동된 DAI 토큰 이외에도 MKR 토큰이 있다. 시장에서 DAI 토큰이 1달러에 유지되기 위한 가격 안정화 메커니즘으로 사용되고 있다. MKR 토큰 1개는 1개의 투표권으로 사용되고 담보비율, 안정화 수수료율 등 생태계의 다양한 결정에 참여할 수 있는 권한

---

18 USDC 미국 서클이 미국 달러와 연계하여 발행한 스테이블 코인(stablecoin)

19 WBTCWrapped Bitcoin 비트코인과 1대1로 연동되는 ERC-20토큰

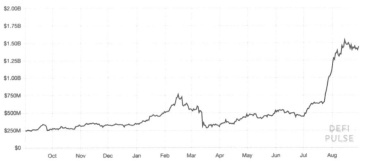

| 메이커다오(MakerDao)에 예치된 자산규모(TVL) |

출처 : https://defipulse.com

을 가진다. MKR 토큰은 DAI 토큰을 대출할 때 수수료로도 사용된다.

누가 어떤 용도로 이용하는가? 1달러에 연동된 DAI 토큰이 실생활에서 많이 사용되는 것은 아니다. 하지만 주요 암호화폐 거래소에서 1DAI=1달러로 거래가 이루어지고 있다. 더 중요한 사용처는 디파이 생태계에서 피와 같은 역할을 하기 때문이다. 메이커다오는 스마트 컨트랙트로 구현되어 있어 많은 디파이 프로젝트에서 메이커다오와의 결합성을 활용한 상품 설계를 하고 있다. 디파이 생태계가 커짐에 따라 그 안에서 활용되는 DAI 토큰의 활용성이 커지고 그럼으로 인해서 현재 시총은 더욱 빠르게 증가할 것이다.

CHAPTER 4

예금을 하면 고객에게 주식을 나눠주는 은행이 있다면
-컴파운드의 실험

컴파운드 프로토콜을 주목해야 하는 이유

컴파운드 프로토콜Compound Protocol은 이더리움의 스마트 계약상에서 구동되며 사전 심사 없이 누구나 암호화폐를 빌리거나 빌려줄 수 있는 예치/대출 플랫폼이다. 암호화폐 거래소 코인베이스 그리고 거대 투자 기업인 안드레센 호로위츠Andreessen Horowitz로부터도 투자를 받아 더욱 관심을 받았다. 메이커다오가 암호화폐 담보로 스테이블 코인을 대출하는 플랫폼이라면, 컴파운드 프로토콜은 암호화폐를 예치 후 이자를 받을 수도 있고(자산을 빌려주는 것), 다른 암호화폐를 대출받을 수 있는 (자산을 빌리는 것) 플랫폼이다.

지난 6월 컴파운드 프로토콜은 폭발적으로 성장할 수 있는 새로운 실험을 하였다. 이자 농사Yield Farming란 개념이다. 예치와 대출을 하는 생태계 기여자에게 토큰을 발행하여 인센티브를 주는 것이다. 그 토큰은 주식과 같은 역할(단, 배당은 없다)을 한다. 각종 프로포절(제안서)들이 올라올 때 투표권으로써 탈중앙화된 의사결정에 참여할 수 있다. 생태계의 주요 의사결정에 참여 가능하다고 하여 거버넌스 토큰이라고 부른다.

예금을 하면 고객에게 주식을 나눠주는 은행이 가능할까.

이자 농사Yield Farming란 개념은 어떻게 시작되었을까?

은행은 예금을 받고 대출을 해 주는 금융기관이다. 예금액이 커질수록 대출 가능한 금액도 커진다. 예금하는 고객에게 주는 예금이자와 대출을 한 고객에게 받는 대출이자의 차이인 예대마진이 은행의 기본적인 수익 모델이다. 은행의 경쟁력은 수탁 규모이다. 예금을 하는 고객이 많아지면 수탁 규모가 올라간다. 많은 예금을 유치하기 위해 좋은 이자율, 혜택을 통해서 고객과 예금을 확보한다.

이런 상상을 해보자. 많은 예금과 대출이 일어나면 은행의 경쟁력은 높아지는데, 그 예금과 대출을 하는 자에게 은행의 주식을 계속 나눠준다면 어떻겠는가? 그 주식으로 얻을 수 있는 미래가치가 예금과 대출을 통해 발생하는 기회비용보다 훨씬 더 높다면 그 은행에 예금하는 것과 대출하는 것을 마다할 이유가 있겠는가? 은행의 성장에 가장 많은 기여를 하는 것이 예금자와 대출자라면 그들에게 가장 매력적인 인센티브를 주어 은행의 가치를 올리는 것이 인센티브의 관점에서 맞지 않는가?

하지만 이러한 상상은 현실에서의 은행에서는 이뤄질 수가 없다. 그냥 말도 안 되는 상상으로 치부될 것이다. 이유는 그 은행에 있어 가장 큰 기여자는 사실 예금자와 대출자가 아니기 때문이다. 은행이 고객의 돈을 수탁할 수 있는 이유는, 정부가 '수신' 라이선스를 주었기 때문에 가능하다. 라이선스 사업이다. 라이선스를 발급해 주는 쪽이 가장 큰 기여자이기에 필자가 얘기했던 인센티브는 나올 수가 없다.

De-fi^{Decentralized Finance} 탈중앙화 금융에서는 위에 필자가 상상했던 메커니즘이 현재 아주 활발하게 이루어지고 있다. 디파이에서는 정부에서 주는 그런 라이선스가 없다. 그래서 대출플랫폼 확장에 기여한 대출자-대부자 모두에게 이익을 돌려주는 개념이 성립하게 된다. 대표적인 프로젝트가 컴파운드 프로토콜이다. 탈중앙화 금융에서는 이 컴파운드의 실험을 목격하고 있다. 결말은 알 수 없지만, 이 시도는 블록체인과 탈중앙화 금융에서 하나의 큰 획을 긋고 있다.

컴파운드 프로토콜이 주식을 나눠주는 대신 선택한 이자농사Yield Farming

2020년 6월 컴파운드에는 '컴파운드 거버넌스 제안서 7 : Distribute COMP to Users'라는 제안서가 올라왔다. 거버넌스 제안서는 비트코인의 BIP^{Bitcoin Improvement Proposal}와 같이 해당 생태계의 개선 사항을 제안하는 용도로 활용된다. 제안서 7의 주된 내용은 "컴파운드의 모든 사용자에게 이더리움 블록당 0.5개의 COMP를 분배한다"는 것이다. 즉, 컴파운드 사용자라면 예금자/대출자 모두를 말하며 그들이 이용할 때마다 COMP 토큰을 지급하겠다는 내용이었다. 6월 11일 생성된 제안서 7은 찬성 100%로 6월 16일 바로 실행이 되었다. 당시 1억 달러가 채 되지 않았던 컴파운드 프로토콜의 예치액은 1주일 후 6억 달러를 넘기며 6배 가까운 성장을 끌어냈다. 그리고 20년 8월 말 기준 예치액은 8억 달러 수준을 유지하고 있다.

그 폭발적인 반응 이면에는 COMP 토큰 발행과 예치액 성장의 과정에서 우려스런 것들이 있었다. COMP 토큰을 확보하기 위한 편법(?)들이 동원되었다. 담보 코인을 예치하고 스테이블 코인을 빌렸다. 스테이블 코인을 자동 거래 서비스를 통해 다시 담보 코인으로 교환했다. 담보 코인을 예치하고 다시 스테이블 코인을 빌렸다. 이 반복된 과정을 통해 COMP 토큰을 다량 확보했다. 대출로 줘야 하는 이자보다 인센티브로 받은 COMP의 가치가 더 높았기 때문이다.

하지만 이러한 행위들로 인해 컴파운드 프로토콜의 예치액은 2개월만에 8배가 넘는 성장을 기록했다. 궁극적으로 잔고가 늘어났다는 것에 의미가 있다.

인센티브로 부여한 COMP 토큰은 거버넌스의 기능을 가졌다. 생태계 주요 결정을 위한 프로포절(제안)에 대해 보유 수량만큼의 투표권으로서의 역할을 한다. 마치 주식회사가 주주총회에서 의결권을 행사하는 것과 유사하다. 이 모델이 성공하려면 탈중앙으로 이루어진 거버넌스 모델이 잘 운영되어야 한다. 그로써 COMP 토큰의 내재적인 가치가 발생할 수 있다. 컴파운드 홈페이지에서는 COMP 토큰을 활용한 투표와 의사결정들이 실행되고 있다. 다음 페이지 그림은 "COMP 토큰 인센티브를 20% 줄이는 제안"에 대한 COMP 토큰을 활용한 투표가 진행된 장면이다. 이 제안의 경우 찬성(1,119,629 comp)이 반대(195,969 comp)보다 많아 실제 프로토콜에 적용되었다.

출처 : www.compound.finance

시장의 우려, 유사한 모델로 실패했던
채굴형 거래소와는 어떤 차이?

2018년 상반기에 에프 코인Fcoin이라는 거래소가 설립되었다. 이후에 채굴형 거래소라는 개념을 만들어낸 장본인이다. 원래 거래소의 수익 모델은 거래수수료에 발생한다. 거래수수료는 "많은 사용자와 거래량을 확보"하는 것이 관건이다. 신생거래소의 가장 큰 고민이었다. 이 고민에 대해 에프 코인Fcoin이 내놓은 해결책은 "유동성 채굴"이었다. FT Fcoin Token 토큰을 발행하여, 거래량을 일으킨 것에 대비하여 FT 토큰을 지급했다. 이것은 수많은 사용자들이 거래소를 찾게 되는 요소가 되었고 더불어 거래량이 폭발적으로 증가했다.

FT 토큰은 시장에서 계속해서 가격이 상승했고 이는 FT 토큰을 얻기 위해 거래량을 늘리는 사용자가 늘어나는 현상으로 이어졌다. 게다가

에프코인 거래소는 거래소 수수료 수입의 80%를 매일 FT 토큰 홀더(보유자)에게 분배하는 정책까지 나오자 FT 토큰의 가격은 연일 상승하고, 거래량은 더욱 폭발하고, 토큰 홀더들이 분배받는 수수료 규모도 더 커지는 선순환이 되었다.

하지만 가격이라는 것이 끝없이 상승할 수는 없다. 최고점 후 가격에 대한 조정이 온 후부터는 악순환이 시작된다. 토큰 가격이 하락하니, 토큰의 매력이 줄어들어 토큰을 채굴하기 위한 거래량은 줄어들고, 거래량이 줄어드니 수수료 수입이 줄어들어 토큰 홀더에게 지급되는 보상이 줄어들고, 보상이 줄어드니 보유한 토큰을 거래소에서 매도하는 현상으로 이어졌다. 그래서 가격이 하락하는 악순환이 진행되었다. 약 20조 원에 이르던 거래량은 2018년 8월 2000억 원으로 급격히 감소했다. 지난 2월 파산을 발표하고 1조 4000억 원의 피해액이 고스란히 남았다.

디파이De-fi의 유동성 채굴은 실패 케이스였던 채굴형 거래소와 아주 흡사하다. 이것이 시장이 컴파운드 프로토콜에 던지는 우려 중 하나이다. 필자 역시 같은 우려를 하고 있다. 디파이 토큰들의 가격이 하락할 때 다시 선순환으로 돌릴 수 있는 메커니즘이 존재하는가?

채굴형 거래소와 디파이 프로젝트의 가장 큰 차이점이 있다. 채굴형 거래소의 토큰은 더욱 많은 수수료 배당을 받기 위한 토큰이었다. 수수료가 감소하면 보유 가치가 사라진다. 디파이 프로젝트의 토큰은 거버넌스 토큰이다. 탈중앙화된 프로토콜을 위해서 생태계의 주요 의사결정을 위한 토큰이다. 좋은 시도이고 탈중앙화 생태계에서 필요한 영역이다. 하지만 해당 프로젝트가 예치액을 늘렸음에도 가치를 잃어가거나, 탈중앙 생태계가 제대로 만들어지지 않아 거버넌스 토큰의 역할이 유명무실할 경우에는 채굴형 거래소 토큰과 같이 되지 말라는 법이 없다. 디파이 성장 가능성은 무궁무진하나 개별 프로젝트의 흥망성쇠는 또 다른 영역임을 잊지 말자.

투자자 관점:
디지털 화폐를 투자하는
가장 현명한 방법

| 필자가 매주 비트코인과 이더리움을 구매한 내역 |

* 이더리움 매주
목적 : 한달 살기 (주단위)

현재가격_11.05	16,650,000

	평균구매가	10,538,383
	현재가치 BTC 자산	7,125,427
이장우	누적 수익률	57.99%

구분	비트코인 가격	수량	구매금액
12.2(월)	8,478,000	0.012	101,700
12.9(월)	8,815,000	0.0114	100,491
12.19(목)	7,961,000	0.0125	99,513
12월26일(목)	8,365,000	0.012	100,380
1월2일(목)	8,299,000	0.012	99,588
1월9일(목)	9,039,000	0.011	99,429
1월16일(목)	9,760,000	0.01	97,600
1월23일(목)	9,839,000	0.0102	100,358
1월30일	10,650,000	0.0094	100,110
2월6일	11,285,000	0.009	101,565
2월13일	11,770,000	0.0085	100,045
2월20일	11,450,000	0.009	103,050
2월27일	10,650,000	0.0094	100,110
3월6일	10,815,000	0.0093	100,580
3월9일	10,065,000	0.01	100,650
3월12일	8,920,000	0.0113	100,796
3월19일	6,689,000	0.015	100,335
3월26일	8,250,000	0.012	99,990
4월2일(목)	8,086,000	0.0124	100,266
4월9일(목)	8,828,000	0.0114	100,639
4월16일(목)	8,450,000	0.0119	100,555
4월23일(목)	9,025,000	0.011	99,275
5월1일(금)	10,600,000	0.00944	100,064
5월8일(금)	11,920,000	0.00833	99,294
5월14일(목)	11,760,000	0.0085	99,960
5월21일(목)	11,191,000	0.00894	99,996
5월28일(목)	11,185,000	0.00895	100,106
6월4일(목)	11,720,000	0.00854	100,042
6월11일(목)	11,770,000	0.008496	100,000
6월19일(금)	11,350,000	0.00882	100,107
6월25일(목)	11,080,000	0.00904	100,163
7월3일(금)	10,858,000	0.0093	100,437
7월30일	13,075,000	0.00765	100,024
8월6일(목)	13,940,000	0.0072	100,368
8월13일(목)	13,630,000	0.0074	100,862
8월20일(목)	13,906,000	0.0072	100,123
8월28일(금)	13,430,000	0.00752	100,994
9월3일(목)	12,965,000	0.00772	100,090
9월10일(목)	12,354,000	0.0081	100,067
9월17일(목)	12,750,000	0.0079	100,202
9월25일(금)	12,446,000	0.008	100,066
10월1일(목)	12,647,000	0.0079	100,038
10월9일(금)	12,536,000	0.008	100,000
10월16일(금)	12,965,000	0.0077	99,990
10월30일(금)	15,260,000	0.0066	99,953
합계		0.4279536	4,509,939

현재가격_11.05	461,750

	구매 평균단가	285,332
	현재 평가금액	5,544,752
이장우	누적 수익률	61.83%

구분	이더리움 가격	수량	구매금액
2.14(금)	310,000	0.325	100,750
2.20(목)	312,000	0.32	99,840
2.27(목)	273,000	0.37	101,010
3.9(월)	255,400	0.4	102,160
3.12(목)	204,250	0.5	102,125
3.19(목)	146,300	0.69	100,947
3.26(목)	169,200	0.58	98,136
4.2(목)	167,500	0.6	100,500
4.9(목)	205,950	0.5	102,975
4.17(목)	204,000	0.5	102,000
4.23(목)	226,900	0.45	102,105
5.1(금)	254,800	0.4	101,920
5.8(금)	255,400	0.4	102,160
5.14(목)	245,450	0.41	100,635
5.21(목)	247,000	0.405	100,035
5.28(목)	252,100	0.4	100,840
6.5(목)	292,750	0.342	100,121
6.11(목)	295,650	0.34	100,521
6.19(금)	278,400	0.36	100,224
6.26(목)	280,800	0.36	101,088
7.3(금)	269,900	0.38	102,562
7.30(목)	378,350	0.27	102,155
8.6(목)	470,650	0.213	100,248
8.13(목)	464,450	0.216	100,321
8.20(목)	487,000	0.2055	100,079
8.28(금)	457,000	0.22	100,540
9.3(목)	489,800	0.205	100,409
9.10(목)	439,650	0.2275	100,020
9.17(목)	449,100	0.222667	100,000
9.25(금)	403,000	0.248139	100,000
10.1(목)	425,500	0.235	99,993
10.9(금)	403,450	0.2478	99,975
10.16(금)	421,400	0.2371	99,914
10.30(금)	437,800	0.22842	100,002
합계		12.008126	3,426,308

지금까지 장황하게 디지털 화폐가 바뀌 나갈 미래에 대해 얘기했다. 하지만 지금부터는 어떻게 해야 똑똑하고 현명하게 투자할 수 있는지 사례를 들어보겠다. 위 표는 필자가 매주 비트코인을 10만원씩 구매한 내역이다. 19년 12월2일부터 11개월간(원고 쓰는 시점, 20.11.05까지) 매주 10만원씩의 비트코인을 구매했다. 총 45회, 450만원을 구매했고 현재 가치로 7,125,427원, 수익률 57.99%이다. 올해 2월부터 이더리움을 매주 10만원씩 구매했다. 이번에는 나름 이 돈의 목적도 정했다. 500만 원을 모아서 해외 한 달 살기를 떠나는 것이었다. 이더리움은 비트코인 보다 조금 더 가격 변동성이 큰 자산이다. 10개월간 34회, 340만 원을 구매했고 현재 가치로 5,544,752원, 수익율 61.83%이다.

필자가 채굴, ICO, 트레이딩, 정보매매, 퀀트, 블록딜 등 다양한 방법으로 투자를 해 보았지만, 이 방법만큼 안정적인 수익을 내는 방법은 없었다. 물론 일시적으로 더 높은 수익률을 낼 수 있는 방법은 있었지만, 그만큼 손실 가능성 역시 높아진다.

여러분들이 디지털 화폐라는 자산에 투자를 하고 싶다면 다음과 같이 추천하고 싶다.

비트코인 이외의 알트코인들은 가급적 쳐다보지 않기를 바란다. 가격 변동성이 클뿐더러 프로젝트에 대해 제대로 분석할 수준이 되지 않는다면 손실을 볼 확률이 매우 높다. 옆에 있는 친척이, 지인이, 그리고 친구가 괜찮은 코인이 있다며 소개해 준다면 일단 경계하고 더 신중하길 바란다. 하지만 비트코인에 대해서는 자신 있게 얘기할 수 있다. '디지털 금'의 속성을 가진 비트코인은 장기, 분산 투자를 한다면 분명히 좋은 수익률을 낼 것이다.

필자는 비트코인과 이더리움의 가치가 향후에도 장기적으로 우상향을 할 것이라는 판단에 1년 가까이 매주 구매를 했다. 하지만 일반인들은 그런 믿음이 없을 수 있다. 필자의 지인들 역시 2018, 2019년 비트코인 가격 하락을 경험한 후에는 위험한 자산이라는 인식이 매우 강했다. 필자가 매주 구매하는 방법으로 수익을 거두는 것을 확인한 지인들이 대신 구매를 부탁하는 경우가 늘어났다. 이 경우에는 원칙 하나를 정하고 대신 구매를 해주었다. 목표 수익률이다. 처음에는 목표 수익률을 10%로 시작했다. 그런데 한 달이 채 지나지 않아서 수익률 10%가 훌쩍 달성해 버리는 바람에 매주 구매한 금액이 얼마 되지 않아 수익액 자체도 적을 수밖에 없었다. 그리고 나서 목표 수익률을 30%로 변경하니 평균 4개월 정도에 30% 수익률을 모두 달성하였다. 필자에게 부탁한 지인들은 적어도 10~30%의 수익률을 4개월이 채 지나지 않은 기간에 얻은 셈이다. 목표 수익률을 설정한 이유는 가격 변동성이 크기 때문에 코스트에버리지 효과로 예상보다 빠르게 수익률을 달성하는 점 외에도 가격 변동성에 따른 초보 투자자의 심리적 안정을 위해서도 긍정적인 부분이 많았다.

과거 3년간 매주 비트코인을 구매하였으면?

이러한 수익률은 최근 1년간만 유효한 건 아니었다. 필자 이외에도, 이미 블록체인 미디어에서 관련된 내용을 다루기도 했다. 2019년 10월, 미디어에 나온 기사 하나를 소개한다. "올 들어 비트코인을 매주 샀다면 49% 수익"이라는 블록체인 미디어 조인디의 기사였다. 49% 수익이라고? 당시는 2018년 2019년 2년 내내 암호화폐가 하락하고 있는 시기였다. 이 시기에도 이 정도의 수익률을 낼 수 있다는 건 놀라운 내용이었다.

그래서 필자는 2019년 한 해가 아니라 최근 3년간의 숫자를 비교해보고 싶었다. 2017년 1월1일 부터의 일별 비트코인 가격을 모두 다운로드받아서 시뮬레이션을 해 보았다. 매주 목요일에 비트코인을 구매하는 것으로 가정했다(이유는 목요일의 비트코인 평균가격이 가장 낮았기 때문이다). 흥미로운 결과들이 나왔다.

17년 1월 1일부터 20년 8월 30일까지(책 초안을 작성할 시점 : 총44개월) 매주 비트코인을 구매했으면 기간 수익률은 184%이다. 연간으로 환산하면, 연평균 50%의 수익률이다. 놀라운 수익률이 나온다. 어떤 이는 2017년이 상승장의 시작이라서 좋은 결과가 나왔을 것이라 한다.

그렇다면 비트코인 가격이 최고점이었던 18년1월부터 매주 비트코인을 구매했으면 어땠을까?

당시 18년 1월은 한국에서는 비트코인 가격이 최고점 2,500만 원까지 갔었다. 지금(책 초안을 작성할 시점, 20년 8월 31일)은 1,300만 원으로 40% 가까이 하락한 가격을 유지하고 있다. 하지만 적립식으로 매주 구매했으면(총 32개월) 기간 수익률 68%, 연 환산 26% 수익률이라는 높은 결과가 나온다. 이 값이 더 의미 있는 것은 2018년 1월 최고점을 달성한 후 2018~2019년 2년 연속 비트코인 가격이 하락하고 있었음에도 연 환산 수익률이 26%씩이나 나왔다는 점이다.

기간을 줄여 올해 2020년 1월 1일부터, 같은 방법으로 비트코인을 매주 구매(8개월)했으면 기간 수익률 35%, 연 환산 52%가 나온다. 비트코인과 같은 암호화폐는 아직 가격 변동성이 큰 자산이다. 장기적으로는 우상향의 가격을 형성하고 있지만 단기기간으로는 가격 변동폭이 매우 크다. 비트코인의 단점으로 꼽히는 가격 변동성은 매주 꾸준히 구매할 경우 큰 효과를 본다. 비트코인이 적립식 투자로 좋은 이유이다. 가격 변동성이 큰 이유를 두 가지로 정리했다.

| 비트코인 적립식 구매 (주 1회) |

2020년 08월 30일 기준(1BTC = $11,711)

시작일시	기간	구매횟수	총 구매금액($)	현재 평가금액($)	기간 수익율	연 환산 수익율
2017.01.01~	약 44개월	187	18,700	53,039	184%	50%
2018.01.01~	약 32개월	139	13,900	23,356	68%	26%
2019.01.01~	약 20개월	87	8,700	14,444	66%	40%
2020.01.01~	약 8개월	35	3,500	4,719	35%	52%

비트코인의 가격 변동성이 큰 이유

　첫 번째 이유는 전통적인 방법으로 비트코인 및 암호화폐의 가치를 측정하기가 쉽지 않다는 점이다. 주식과 같은 회사의 지분 소유의 개념이 아니기 때문에 기업의 가치가 암호화폐에 정확하게 적용되지 않는다. 더구나 비트코인은 가치를 측정할 수 있는 회사조차 없다. 정확한 가치 측정이 안 되기 때문에 투자자마다 생각하는 가치 크기의 간격이 클 수밖에 없다. 그래서 외부환경에 의한 단기적인 가격 변동성이 컸다. 법무부 장관의 거래소 폐쇄 발언에 비트코인 가격이 30% 급락하는

가 하면, 중국 총리의 블록체인 굴기 발언에 두 자릿수 급등하는 모습이
보기 드물지 않았다.

비트코인과 암호화폐에 대한 다양한 가치측정 방법론이 대두된 시기
가 있었다. 하지만 유틸리티 토큰 이기에 가치를 측정하기 어려운 본질
적인 부분과 시장이 아직 성숙하지 않은 점은 시간이 더 필요하다는 것
을 말해주었다.

채굴 원가, 해쉬파워, 온체인 트랜잭션, 지갑 활성화... 등등 암호화폐
에서 통용되는 지표들이 존재하지만, 전통금융 시장에서는 투자자들은
외면하는 값들이다. 다시 얘기하지만 가치를 측정할 수 없는 것이 아니
다. 다만 기존의 가치측정 방법으로 측정하기 어려울 뿐이다. 이러한
이유가 결국 큰 가격 변동성을 만드는 이유다.

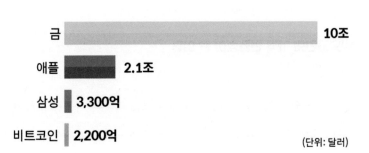

| 주요자산 시가총액 (2020년 8월 31일 기준) |

두 번째 이유는 비트코인 시가총액이 여전히 작다는 점이다. 비트코
인의 시총은 2020년 8월 31일 기준, 현재 2,200억 달러(약 250조)이다. 코

인마켓캡 기준으로 암호화폐 전체 시총은 3,860억(약430조)이다. 삼성 전자 기업 하나의 시가총액이 362조(20.8.31, 기준)이다. 미 연방준비은 행의 유동성 공급을 위한 하루짜리 레포(환매조건부채권) 한도가 1500억 달러이다. 비트코인은 디지털 금에 비유된다. 비트코인은 금이 가진 자 산의 크기(10조 달러)에 2%에 불과하다.

그에 비하면 비트코인은 여전히 미미한 시가총액을 가지고 있다. 시 가총액 대비에 비트코인의 미래가치는 크다. 그러니 변동성의 타깃이 된다. 지난 10년 비트코인은 너무나 많은 사람에게 알려졌다. 그중에 일부는 비트코인의 미래를 낙관적으로 볼 것이고 또 일부는 비관적으 로 볼 것이다. 이것이 비트코인이 변동성이 큰 자산인 이유다. 반대로 금의 미래를 비관적으로 보는 사람은 적다. 그래서 금의 가격 변동성은 낮은 편이다.

02 적립식 투자로 안정적인 수익을 만들어보자

투자의 3원칙이 있다. 분산투자, 장기투자, 가치투자이다. 필자가 투 자한 방식은 이 3가지의 요건을 직간접적으로 충족한다. 수천여 가지의 암호화폐 중 가치가 있다고 판단되는 1~2개의 암호화폐에 투자했고, 정 액 분할 투자를 통해 장기투자와 분산투자를 간접적으로 적용했다. 일 확천금의 욕심을 버린다면 누구라도 안정적인 수익률을 달성할 수 있 다. 우리가 투자를 하게 될 때 생각의 고리를 묘사해 보면 다음과 같다.

"우리는 보통 새로운 투자자산을 언제 알게 되는가? 곰곰이 생각해 보길 바란다. 대부분은 그 자산의 가격이 상승할 때 첫 번째 접하게 된다. 그리고 나름의 고민과 공부, 소액의 투자를 해 본 후 확신을 하게 된다. 그 사이 가격이 계속 상승하면 더 늦으면 안 될 것 같은 마음에 구매한다. 하지만 안타깝게도 많은 돈이 투입될 그 시점은 대부분 꽤 고점일 가능성이 크다. 2017년, 2018년의 암호화폐 시장이 그러했고, 지금의 주식시장은 과연 어느 지점일지 생각해 볼 필요가 있다."

필자가 투자한 방식은 투자에 대해서 조금이라도 관심 있는 사람은 아는, 정액 분할 투자의 방법이다. 모든 자산이 이 방법에 적합하다고 생각진 않는다. 다만, 현재의 비트코인과 같은 디지털 화폐는 정액 분할 투자 시 상당한 효과를 낼 수 있음을 알 수 있다.

정액 분할 투자의 장점: 가격이 낮을 때 더 많은 주식을 매수하여 평균 매수 단가를 낮출 수 있다는 점이다.

예를 들어 100만원을 투자한다고 가정했을 때,
주식 1주에 50,000원을 투자하면 20주를 매수할 수 있다.
가격이 하락하여 25,000원이 되었다면 40주를 매수할 수 있다.
가격이 다시 상승하여 100,000원이 되었다면 10주를 매수할 수 있다.
이렇게 가격이 하락하였을 때 더 많은 주식이나 토큰을 매입할 수 있기 때문에 향후 가격이 상승했을 때 평균 매입단가를 낮추고 수익률을 높이는 코스트에버리징 효과가 있다.

우리가 가장 저평가된 시점에 주식을 한 번에 전량 매수할 수 있다면 수익이 최대가 될 수 있겠지만 최저점인지 최고점인지 아는 것은 사실상 불가능하다.

정액 분할 투자의 방법을 비트코인에 적용하면 더 높은 수익률을 기대할 수 있는 이유는 다시 말하지만 "가격변동성" 때문이다.

03 최고의 디지털 화폐 프로젝트를 고르는 방법

투자 관점에서 성공하는 토큰이코노미 핵심요소

1. 수익을 내고 있는 비즈니스가 있는가? 수익을 낼 가능성이 있는 비즈니스가 있는가?

매우 중요한 영역이다. 암호화폐를 발행하는 프로젝트 중 의외로, 보유중인 토큰을 시장에 판매하는 것이 유일한 수익처인 경우가 많다. 그러한 프로젝트는 일단 피하길 바란다.

이러한 서비스들은 토큰의 수요는 창출하지 못하고, 인센티브 용도로만 토큰의 용도가 설계되어 있다. 지속적으로 시장에 공급만 이루어지고 수요가 창출되는 설계가 없다면 토큰의 가치는 하락할 수밖에 없다.

2. 1번에서 발생하는 수익이, 토큰의 가치 상승으로 연결되는 고리가 있는가?

토큰은 회사의 소유권을 가진 주식이 아니다. 즉, 그 회사가 성장한다고 나의 토큰 가치가 자연스럽게 오르진 않는다. 반드시 그 수익이, 토큰의 가치 상승으로 연결되는 고리가 있어야 한다.

유틸리티 토큰으로써, 토큰의 가치 상승으로 연결되는 성공적인 사례는 바이낸스 거래소의 BNB토큰이다. 거래소 분기 수익의 20%를 BNB토큰을 바이백/소각(유통량을 줄이는 효과)하는데 사용하고 있다. 이는 바이낸스 거래소의 비즈니스가 성장하여 수익이 극대화될수록, 토큰의 유통량이 줄어드는 효과로 이어지기 때문에 개별 토큰의 가치는 상승할 수 있는 구조가 만들어진다.

3. 인센티브 용도일 경우, 비즈니스의 가치를 높이는 유저의 행동에 보상이 이루어지는가?

예를 들어 '좋은 컨텐츠'가 서비스의 가치를 올리는 비즈니스라면, 좋은 컨텐츠를 만드는 행위에 보상이 이루어져야 한다. 사용자 수가 서비스의 가치를 올리는 비즈니스라면, 사용자 수를 늘리는 행위에 보상이 주어져야 한다. 이는 토큰 보상으로 인해, 서비스의 가치가 올라가고 올라간 서비스의 가치로 인해 토큰의 가치가 상승한다. 이로 인해 선순환이 이루어진다.

암호화폐 보상 SNS였던, 스팀STEEM이란 서비스를 기억하는가? 100만 유저까지 다다랐던 스팀이 실패한 이유는, 좋은 컨텐츠를 만드는 행위에 보상이 제대로 연결되지 않았기 때문이다. 아무런 의미 없는 한 줄의 글만 남겨도, 고래(토큰을 많이 보유한 초창기 유저)가 해당 글에 좋아요를 누르면 큰 보상을 받아갔다. 이는 좋은 컨텐츠를 만들고자 하는 창작자의 동기를 저하시키는 결과가 나왔다. 그리고 점점 양질의 컨텐츠는 더 이상 볼 수 없었다. 즉 토큰이코노미의 실패가 비즈니스가 지속하지 않게 하는 결과로 이어졌다.

4. 토큰이 시장에 유통(공급)되는 속도가, 비즈니스가 성장하는 속도보다 과도하게 높지는 않은가?

토큰을 사용할 수 있는 서비스가 런칭을 하기도 전에, 이미 시장에 수십, 수백억 원의 토큰이 유통되고 있는 프로젝트가 있다. 그렇다면 이 토큰의 유일한 수요는 호재 소식에 의한 투기 수요일 것이다. 그러한 토큰에 투자를 하고 싶은가? 토큰이 시장에 유통(공급)되는 속도는, 비즈니스의 성장 속도와 비례해야 한다. 비즈니스의 규모에 맞지 않게 과도한 투자를 받을 경우, 사업이 궤도에 올라가기도 전에 토큰의 공급량이 급격히 증가하여 가격이 하락하는 경우를 아주 많이 볼 수 있다. 시장에 유통되는 속도를 조절하기 위해, 투자금의 규모를 적절하게 유지하는 것도 중요하지만, 락업과 베스팅이라는 도구를 효과적으로 활용하여 비즈니스의 속도와 맞추어 토큰의 시장 공급량을 컨트롤할 필요가 있다.

5. 토큰을 사용할 곳이 명확한가? (토큰의 수요가 명확한가?)

"이 토큰을 누가 구매해야 하나요?"란 질문에 아주 명쾌한 답이 나와야 한다. 토큰은 주식이 아니다. 주식은 사용할 곳이 없어도 된다. 주식

자체가 회사의 소유 지분을 나타내기 때문이다. 보유만 하고 있어도 회사가 성장하면 함께 가치가 오른다. 하지만 토큰은 다르다. 그래서 유틸리티 토큰이라 부른다. 사용성에 대한 가치가 존재해야 한다.

물론 좋은 회사의 토큰이 높은 가치를 지닐 가능성은 높다. 하지만 만약 사용할 곳이 없다면 가치는 zero가 된다. 만약 위 질문을 얼버무리며 '쇼핑몰에서 결제를 준비하고 있다', 'B커피가맹점에서 결제가 가능할 것이다.' 등의 사용처가 전부라면 투자가치로서는 쳐다보지 말기 바란다.

6. 생태계를 확장할 역량(ex. 개발자 커뮤니티)이 없으면서, 기술 뽐내기 위한 메인넷을 준비하고 있진 않는가?

지난 2년 한국의 여러 프로젝트를 만나면 다음과 같은 얘기를 많이 들었다. "저희 메인넷 준비하고 있습니다." 그랬던 팀들 중 아마 지금 남아있는 곳은 없다. 퍼블릭 블록체인에서 메인넷[18]을 준비하는 팀이 성공하려면, "개발자 커뮤니티를 탄탄하게 만들수 있어야 한다." 마치 이더리움처럼 말이다. 대기업 카카오에서 런칭한 클레이튼[19]도 개발자 커뮤니티를 만드는 것에 어려움을 호소한다. 카카오가 그정도 인데 스타트업은 현실적으로 어렵지 않겠는가. 아니라면 이더리움 창시자인 비탈릭 부테린이나 코스모스의 재권과 같은 천재 개발자가 리드한다면

---

18 메인넷 '메인네트워크(main network)'의 줄임말로, 블록체인을 구현할 자체 플랫폼을 의미
19 클레이튼 카카오가 자회사 그라운드X를 통해 개발한 블록체인 플랫폼(메인넷)

그들을 따르는 개발자들의 커뮤니티가 형성될 것이다. 그렇지 않은 메인넷 프로젝트는 유지가능성이 매우 떨어질 것이다.

프로젝트팀 관점:
지속 가능한 POS 블록체인
경제 구조 설계

지속 가능한 블록체인 경제 구조를 만들기 위해서는 보유자의 심리적인 불안감과 경제적 손실은 최소화하고 내재가치의 증가는 극대화해야한다. 이러한 목표를 달성하기 위한 전략과 세부적인 항목은 다음과 같다

심리적인 불안감과 경제적 손실 효과를 최소화하는 전략

A. 런칭 후 지속적으로 인플레이션율을 낮추고, 매년 정해진 수량의 코인만 발행해서 시간이 지남에 따라 인플레이션율이 서서히 0에 수렴하는 구조 설계

B. 인플레이션으로 인한 가치 하락에 대해 보유자들이 가지는 우려를 해소할수 있도록 블록체인의 경제 모델에 대해 충분히 설명하는 문서 작성

C. 일정 수량의 코인을 묶어 유통 물량의 증가를 억제할 수 있는 구조 설계

D. 마이닝에 참여하지 않는 보유자들의 경제적 손실을 최소화하기 위해 인플레이션율을 낮추는 설계

보유자 증가 효과를 극대화하는 전략

A. 보유자들이 이해하고 공감할 수 있는 확실한 목표 제시

B. 장기적으로 달성할 수 있는 거대한 비전과 구체적인 플랜 제시

C. 지속적으로 보유자가 증가할 수 있는 높은 확장성 제시

D. 개발이 장기적으로 유지될 수 있는 블록체인 기반 인센티브 구조 설계

E. 보유자들이 코인의 방향성 결정 및 운영에 참여할 수 있는 구조 설계

합의 구조 효과를 극대화하는 전략

A. 마이닝에 참여하기 위해 일정 수량의 코인의 보유가 필요한 구조 설계

B. 블록체인 발전을 위한 노력 및 기여가 요구되는 구조 설계

C. 마이너에게 네트워크의 운영 및 안전과 관련한 추가적인 의무 부여

합의 구조를 유지 및 발전하는데 요구되는 조건 및 노력이 지나치게 증가하면 보유자의 참여율 및 다양성이 급격히 하락할 수 있음.

블록체인 서비스 효과를 극대화하는 전략

A. 목표로 하는 블록체인 서비스 제시

B. 블록체인 서비스의 시장성 및 확장성 제시

C. 블록체인 서비스 비즈니스 모델 및 개발 플랜 제시

D. 블록체인 서비스 활성화 마케팅 전략 설계

E. 수익성 블록체인 비즈니스 모델 운영 및 수익 분배 구조 설계

02 런칭 단계별 전략(런칭 전·초기·중기·말기)

POS 블록체인의 포괄적인 지속 가능성 증가 공식의 핵심은 다음과 같다.

전체 내재가치의 변화량 〉 불안과 경제적 손실 효과

단계별 전략의 핵심은 블록체인의 발전 단계별 내재가치의 증가와 심리적 불안감과 경제적 손실의 균형을 분석한 뒤 발전 단계별로 내재가치의 증가가 더 크도록 유지하는 것이다. 특히 발전 초기 단계의 POS 코인은 '보유자 증가 효과'와 '합의 구조 효과'를 통한 내재가치의 증가가 매우 중요하다. 두 효과에서 증가하는 내재가치보다 인플레이션으로 증가하는 코인의 시장가치가 크면 보유자와 시장가치가 지속적으로 감소하는 악순환이 반복되기 때문에 주의가 필요하다.

런칭 전

특징 1. 분배를 위한 코인의 가치가 결정된다.

전략 : 블록체인의 비전과 목표 그리고 핵심 관련자들의 역량과 노력 그리고 추가적인 개발에 필요한 비용과 성장성 등의 항목을 종합적으로 고려해 최초 코인의 시장가치를 결정해야 한다. 최초 코인의 분배는 주로 ICO^{Initial Coin Offering} 방식으로 이루어진다. 이때 코인의 최초 시장가치와 총 펀딩의 규모를 지나치게 높게 설정하면 블록체인 프로젝트를 지속적으로 개발 및 운용하는데 필요한 충분한 펀딩을 모으는데 실패할 수 있다. 또한 과도한 펀딩을 받은 경우 런칭 후 초기에 코인의 시장가치 및 지속 가능성을 유지하는데 어려움이 발생한다. 일단, ICO를 진행한 뒤에는 더 이상 코인의 가치 및 펀딩 금액의 수정 및 변경이 어렵기 때문에 반드시 코인의 최초 시장가치를 합리적으로 판단해야 하고, 적절한 총 펀딩 금액을 설정해야 한다

<u>특징 2. 코인의 분배 과정에서 대량의 코인을 정해진 가격에 구매하는 것이 가능하다.</u>

전략 : POS 방식은 보유한 코인의 양에 의해 모든 권리와 의무가 결정된다. 그러므로 더 분산화되고 안전한 블록체인을 만들기 위해서 코인이 소수에 의해 독점되지 않고 폭넓게 분배되는 것이 중요하다. 하지만 ICO에서는 누구나 대량의 코인을 정해진 가격에 구매하는 것이 가능하기 때문에 주의가 요구된다. 그러므로 ICO에서 소수 독점 현상이 발생하는 것을 막기 위한 최소한의 조치가 필요하다. 가장 보편적인 방법으로는 ICO를 시작하기 전에 코인의 기술적, 경제적인 설명을 문서화 White paper해서 공개하고, 인적 네트워크와 미디어 채널을 통해 코인을 소개하는 방법이 사용된다. 좀 더 분배 문제에 신경을 쓰는 경우 ICO가 시작되기 전에 검증된 사람들에게 일정 부분 투자를 받거나, 총 펀딩 금액에 제한을 두는 전략을 사용할 수 있다.

<u>특징 3. 코인의 분배가 완료된 이후부터 런칭 전까지 누구나 코인을 보유해야 하는 기간이 존재한다.</u>

전략: 코인을 분배받은 보유자들은 블록체인이 아직 런칭되지 않았기 때문에 의도와 상관없이 코인을 보유해야 한다. 아직 거래가 시작되지 않았기 때문에 가격 하락에 대한 두려움이 적고, 코인을 소유한 상태이기 때문에 코인과 관련된 정보를 습득하는데 매우 적극적이다. 그러므로 분배 후부터 런칭 전까지 주어지는 시간은 보유자들을 핵심 보유자로 바꿀 수 있는 매우 중요한 시간이다. 수용성이 높은 보유자들에게

블록체인의 목표와 비전 그리고 성장 가능성을 명확히 제시해서 이들을 핵심 보유자로 만들어야 한다. 핵심 보유자는 코인을 장기적으로 보유하고(마이닝 참여율 증가), 프로젝트의 성공을 위해 자발적으로 다양한 활동을 하는 등 블록체인의 안전성과 내재가치 증가에 핵심적인 역할을 담당한다.

특징 4. 블록체인의 구조 및 각종 수치를 쉽게 수정할 수 있다.

블록체인은 특성상 런칭 후 합의를 통해 각종 수치를 수정하는 것이 어렵다. 왜냐하면 수치의 변화에 따라 각기 다른 이해 득실이 발생하기 때문에 공통된 합의를 도출하기가 힘들기 때문이다. 그러므로 인플레이션율 및 합의 구조, 마이닝 참여에 필요한 조건 등 코인의 가치에 영향을 줄 수 있는 핵심적인 요소에 대한 수정 및 합의가 런칭 전까지 최대한 이루어져야 한다.

초기(런칭 후 1년)

특징 1. 코인 발행 및 거래가 시작되기 때문에 '유저 증가 효과'와 '합의 구조 효과'로 인한 내재가치의 증가가 매우 중요하다.

마이닝으로 코인이 발행되면서 희소성 감소 효과가 발생한다. 또한 코인이 실제로 거래되기 때문에 발행되는 코인의 시장가치가 정해지고, 외부로 자본이 유출될 가능성도 생긴다. 하지만 아직 블록체인 기반의 서비스는 개발 중이거나 혹은 활성화가 되기까지 좀 더 시간이 필요한 단계이다. 그러므로 초기 단계에서 내재가치를 증가하기 위해 가장 중요한 전략은 '유저 증가 효과'와 '합의 구조 효과'를 극대화하는 것'이다. 이를 위해서 블록체인의 목표와 비전을 사람들이 충분히 납득할 수 있도록 문서화하고 설명하는 노력이 필요하다. 또한 블록체인 서비스 및 기능의 개발이 완료되는 시점이 제시되어야 하고, 개발을 완료하기에 충분한 개발력이 유지되고 있음을 보여줘야 한다. 그리고 블록체인의 발전 과정 속에서 보유자들이 코인과 관련된 의사결정 및 운영에 적극적으로 참여할 수 있는 합의 구조가 필요하다. 보유자들이 합의 구조에 참여하기 위해 일정 수량의 코인이 필요한 경우 보유자들의 책임감과 적극성은 더욱 증가한다. 보유자들이 합의 구조에 참여하는 것을 더욱 매력적으로 느끼게 만들어줄 다양한 전략이 추가적으로 필요하다.

만약 내재가치의 증가보다 발행되는 코인의 시장가치의 증가가 커지면 코인의 실제 가치와 보유자가 지속적으로 하락하는 악순환이 반복된다. 이 단계에서 악순환이 지속적으로 발생해서 코인의 시장가치와 보유자가 지나치게 감소하면 이후로 블록체인 서비스를 안정적으로 제공하는데 큰 어려움이 발생하기 때문에 주의가 필요하다.

런칭 전에 충분한 핵심 보유자들을 만드는 것이 초기 단계에서 악순환에 빠지지 않는데 큰 도움을 준다. 핵심 보유자는 블록체인의 비전과 목표에 대한 기대가 높아 장기적으로 코인을 보유하며, 적극적으로 의사 결정 및 운영에 참여한다. 핵심 보유자들은 또한 블록체인 발전에 다양한 기여를 하기 때문에 핵심 유저의 증가는 '유저 증가 효과'가 증가하는 것과 동일한 효과를 가져온다.

중기(런칭 후 2~4년)

특징 1. 1차적인 블록체인 서비스의 개발이 완료된다. 개발이 완료된 서비스의 사용자 증가를 위한 전략과 다음 개발 목표 제시 및 개발력의 유지가 필요하다.

최초 계획된 블록체인 서비스의 개발이 완료되고 사용자가 증가하기 시작한다. 블록체인 서비스에서 발생하는 수익도 중요하지만 실제로 개발이 완료되어 정상적으로 작동한다는 사실이 더 중요하다. 이렇게 한 가지 서비스가 완성되면 블록체인이 실제로 사용되는 사례가 생기기 때문에 기대감과 관심이 크게 증가한다. 이러한 기대감과 관심을 바탕으로 블록체인 서비스의 사용자가 증가할 수 있도록 UI 개선 및 홍보 전략이 필요하다. 동시에 추가적인 개발 목표의 제시와 함께 개발력이 유지되어야 한다. 하지만 1차적인 블록체인 서비스의 개발이 완료되면 초기 개발자들이 대거 이탈하며 개발 능력 및 지속력이 급격히 하락하는 현상이 발생한다. 그러므로 1차적인 블록체인 서비스의 성공적인 개발 후에도 개발력을 유지할 수 있는 팀워크와 인센티브 구조를 만드는 것이 반드시 필요하다.

특징 2. 유저가 일정 이상으로 증가하면 강력한 커뮤니티가 형성되어 신규 유저가 폭발적으로 증가한다.

강력한 커뮤니티가 형성되면 블록체인의 발전과 성장에 큰 도움을 준다. 블록체인은 오픈 소스 프로젝트이기 때문에 코드 검토자code reviewer와 아이디어 제공자가 많을수록 발전 속도가 증가한다. 또한 코인에 관한 대부분의 궁금증이 커뮤니티 내부에서 쉽게 해결되기 때문에 신규 유저의 진입 장벽을 낮추는 역할을 한다. 그리고 블록체인을 활용한 다양한 프로젝트가 커뮤니티를 기반으로 진행될 수 있기 때문에 유저들이 모일 수 있는 커뮤니티를 미리 만들어 두는 전략도 필요하다.

말기(런칭 후 5년 이후)

특징 1. 직·간접적으로 연결된 유저와 사용 가능한 자원 그리고 네트워크의 안전성이 충분하기 때문에 블록체인 서비스에서 발생하는 수익과 성장에 대한 기대감을 일정 수준 이상으로 유지하는 일이 쉬워진다.

경쟁력 있는 블록체인 서비스를 안전하게 제공할 수 있으며, 연관된 유저의 숫자가 매우 많기 때문에 지속 가능한 POS 블록체인의 선순환 사이클을 유지하기가 쉽다. 추가적인 성장을 위해서는 블록체인을 더 많은 유저들에게 소개할 수 있는 적극적인 마케팅 전략이 필요하다. 또한 충분한 자원과 사용자를 바탕으로 새로운 서비스 개발 및 각종 제휴를 통한 시장 확대도 가능하다. 최종적으로 더 높은 트래픽과 공격을 감당할 수 있고 블록체인의 용량 증가를 해결할 수 있는 블록체인 컨센서스 개발을 위한 연구가 지속적으로 필요하다

블록체인 외부에서 발생할 수 있는 위험성

POS 블록체인은 보유자들이 코인을 보유한 만큼 블록체인에 권한을 행사할 수 있다. 그러므로 거래소의 해킹으로 인해 많은 수량의 코인이 한 개인 혹은 단체에 넘어가는 경우 블록체인 전체의 안전성과 지속 가

능성에 큰 문제가 발생한다. POW의 경우 코인의 발행과 소유한 코인의 양은 아무런 상관 관계가 없기 때문에 거래소가 해킹을 당했다고 해도 블록체인의 안전성에는 큰 문제가 발생하지 않는다. 하지만 POS의 경우 코인을 소유한 만큼 블록을 발행할 수 있기 때문에 거래소의 해킹은 블록체인 네트워크의 안전성에 매우 직접적인 영향을 준다. 또한 코인을 소유한 만큼 마이닝으로 얻을 수 있는 코인의 양도 늘어나기 때문에 시간이 지날수록 해커가 보유한 코인의 수량이 유지되거나 혹은 증가할 가능성이 존재한다. 그러므로 POS 코인의 장기적인 발전을 위해서는 거래소의 해킹에 대비하는 전략이 반드시 필요하다.

장기적으로 POS 블록체인에서 발생할 수 있는 문제(잃어버린 코인 문제)

POS 블록체인의 네트워크 안전성은 마이닝 참여율에 의해서 절정된다. 시간이 지남에 따라 보유자가 잃어버린 코인의 수량은 지속적으로 증가하게 된다. 이렇게 잃어버린 코인의 수량이 증가한다는 것은 마이닝에 전혀 참여할 수 없는 코인의 수량이 증가한다는 것을 의미한다. 블록체인의 특성상 잃어버린 코인의 수량을 정확하게 파악할 수 있는 방법은 없다. 그러므로 인플레이션으로 증가하는 코인의 수량보다 잃어버리는 코인의 수량이 더 많아지면 마이닝 참여율은 지속적으로 감소하게 된다. (마이닝 참여율은 발행된 모든 코인의 수량을 기준으로 계산되기 때문.) 이러한 문제를 해결하기 위해서는 '잃어버린 코인'의 기준을 정하는 과정 및 잃어버린 코인을 회수 혹은 소멸시킬 수 있는 합의 프로세스가 필요하다.

03 POS 블록체인 경제의 선순환 사이클

POS 블록체인의 경제가 선순환 사이클에 진입하기 위해 필요한 핵심 조건은 두 가지이다.

A. 발전 단계별로 POS 블록체인의 포괄적인 지속 가능성 증가 공식을 지속적으로 유지하는 것.
B. POS 블록체인의 목표인 블록체인 서비스의 성장 가능성과 수익성을 증가하는 것.

이 두가지 조건을 만족시키면 블록체인 서비스의 사용자 및 보유자 그리고 마이닝 참여율이 증가한다. 보유자와 마이닝 참여율이 증가하면 네트워크의 안전성이 증가한다. 블록체인 네트워크의 안전성이 증가할수록 블록체인 서비스의 성장 가능성 및 수익성이 다시 증가하는 선순환이 발생한다.

| POS 블록체인 경제의 선순환 사이클 |

A. 전체 내재가치의 변화량 > 불안과 경제적 손실 효과

B. 블록체인 서비스의 성장 가능성 및 수익성 증가

신규 보유자 증가

보유자들의 마이닝 참여율 및 장기 보유율 증가

(마이닝 보상이 충분하고, 장기적인 성장 가능성이 높음)

블록체인 네트워크의 안전성 증가

(블록체인 서비스의 안전성 및 사용성 증가)

블록체인 서비스의 성장 가능성 및 수익성 증가

04 결론

POW 블록체인은 보유자와 마이너가 증가하면 지속 가능성 및 가치가 증가한다. 하지만 POW블록체인과 다르게 POS 블록체인은 지속 가능성 및 가치의 증가를 위해 추가적으로 고려해야 할 요소들이 많다. 또한 가치의 상승, 저장, 이동에 적합하게 설계된 POW 코인에 비해 점차 희소성이 감소하고, 가격 버블이 발생하는 등 가치의 상승과 유지를 어렵게 만드는 문제들이 발생한다. 하지만 가치의 상승, 저장, 이동을 넘어서 다양한 목적에 사용될 수 있는 블록체인을 만들기 위해서는 POS 방식의 블록체인이 필요하다.

POW 블록체인은 오직 가치의 상승, 저장, 이동을 목적으로만 사용될 수 있다. 현재 대부분의 사람들이 블록체인을 가치의 상승, 저장, 이동에 주로 사용하기 때문에 POW 코인들의 수요와 가치가 더 높다. 하지만 블록체인은 가치의 상승, 저장, 이동이라는 목적뿐만 아니라 인증, 데이터저장, IOT 등 수없이 다양한 목적에 사용될 수 있다. 이렇게 다양한 블록체인 서비스가 활성화되기 위해서는 더욱 빠르고, 안전하고, 합의에 의한 업데이트가 가능하며, 유지비는 저렴한 POS 블록체인이 필요하다. 그리고 오픈된 네트워크 환경에서 대규모의 트래픽을 견디면서 안정성과 성능을 유지할 수 있음이 검증된 POS 블록체인이 반드시 필요하다.

블록체인의 기술적인 발전과 함께 지속 가능한 POS 블록체인의 경제 모델에 대한 연구와 분석도 함께 이루어져야 한다. 퍼블릭 블록체인은 보유자들이 가지고 있는 코인의 시장가치가 실시간으로 변하는 특징을 가지고 있다. 시장가치는 수요와 공급, 투기적인 가격 변화 등 다양한 경제적 원리의 영향을 받는다. 또한 시장가치는 보유자들의 심리에 따라 큰 영향을 받기 때문에 심리적인 부분에 대한 고려도 반드시 필요하다. 이러한 경제적, 심리적 영향을 고려하지 않은 POS 블록체인은 지속 가능한 경제 구조를 유지하기 어렵다.

지속 가능한 POS 블록체인의 경제 구조를 설계하기 위해 매우 다양한 시도가 계속되고 있다. 수많은 개발자들과 참여자들에 의해 창의적이고 효과적인 해결책들이 지속적으로 제안되고 있다. 이러한 제안들은 모두 각각 합리적인 근거와 효과가 있다. 하지만 이러한 방법들이 전체 블록체인의 지속 가능성에 얼마나 영향을 주는지를 포괄적으로 설명하기는 매우 어렵다. 그러므로 블록체인의 경제적인 특징과 심리적인 특징을 고려한 포괄적인 경제 원리를 만드는 과정이 반드시 필요하다. 이 글을 통해서 공식화한 블록체인의 지속 가능성을 증가시킬 수 있는 포괄적인 경제 원리는 다음과 같다.

| POS 블록체인의 포괄적인 지속 가능성 증가 공식 |

전체 내재가치의 변화량 〉 불안과 경제적 손실 효과

보유자 증가 효과 + POS 마이닝 비용 + 합의 구조 효과 + 블록체인 서비스 효과

〉 수량 증가 효과 + 신규 발행되는 코인의 시장가치

이 공식이 블록체인 경제 구조의 모든 것을 설명할 수는 없다. 하지만 지속 가능한 POS 블록체인의 경제 구조를 설계하기 위해 필요한 통합적인 가이드라인을 제공할 것이다. 현재 많은 POS 블록체인의 경제 구조가 통합적인 가이드라인이 없이 설계되기 때문에 경제의 지속 가능성을 유지하기 어렵다. 그중 대표적인 문제 두 가지는 다음과 같다.

A. 보유자 증가 효과를 POS 경제 구조의 핵심으로 보는 문제

많은 POS 코인들이 지속 가능하지 않은 이유 중 한 가지는 보유자 증가 효과를 핵심으로 설계한 경제 구조를 가지고 있기 때문이다. 물론 보유자가 증가하면 코인의 지속 가능성 및 가치는 상승한다. 하지만 지속 가능한 POS 경제 구조의 핵심 성장 동력은 보유자 증가 효과가 아니다. POS 블록체인의 가장 큰 목표는 경쟁력 있는 블록체인 서비스를 통해 가치와 수익을 창출하는 것이다. 이러한 목표와 비전이 분명하게 제시되고 개발되고 완성되는 과정 속에서 보유자 증가 효과가 증가하게 된다. 단순히 보유자의 숫자가 증가하면 지속성과 가치가 상승한다는 경제 원리를 바탕으로 POS 블록체인의 지속 가능성과 가치를 증가시키기 어렵다. 그러므로 POS 블록체인은 '블록체인 서비스 효과'를 장기적으로 증가시킬 수 있는 명확한 계획과 전략이 필요하다.

B. 인플레이션으로 증가하는 코인에 지나치게 의지하는 경제 구조

POS 코인들이 지속 가능하지 않은 또 다른 이유는 인플레이션으로 증가하는 코인에 지나치게 의지하는 경제 구조를 가지고 있기 때문이다. 추가적인 개발을 위한 펀딩, 마이닝에 대한 보상, 블록체인 발전에 기여한 대가 등 모든 보상 체계가 인플레이션으로 증가하는 코인을 분배하는 것에 기반을 둔다.

하지만 인플레이션으로 발행되는 코인이 실제 가치를 가지기 위해서는 내재가치가 그만큼 증가해야 한다. 내재가치의 증가 없이 인플레이션으로 코인이 발행되면 개별 코인의 시장가치는 하락한다. 즉, 인플레이션은 실제 가치의 증가에 큰 영향을 주지 못한다. 하지만 많은 POS 블록체인 프로젝트가 내재가치의 증가에 대한 고려 없이 인플레이션으로 발행되는 코인을 지나치게 활용한다. 내재가치의 증가보다 인플레이션으로 증가하는 코인의 시장 가치가 더 커지면 코인의 시장 가격은 지속적으로 하락한다. 이렇게 가격이 하락하기 시작하면 보유자들의 심리적인 불안감과 마이닝에 참여하지 않는 보유자들의 경제적 손실이 증가한다. 결국 불안감과 경제적 손실로 인해 보유자들이 감소하면 내재가치와 시장가치가 지속적으로 하락하는 악순환이 반복된다. 이 악순환에 대한 심각한 고려 없이 인플레이션을 통해 코인의 시장가치만큼의 실제 가치를 가진 화폐를 발행할 수 있다는 인식은 반드시 개선되어야 한다. 발행되는 코인이 실제 가치를 보유하기 위해서는 그 만큼 내재가치 증가가 동반되어야 한다. POW의 경우 마이너의 자유 경쟁으로 발행 비용이 충분히 증가하기 때문에 발행되는 코인의 내재가치와 시장가치가 균형을 이룬다. 하지만 POS는 마이닝으로 외부 자원을 충분하게 소모하지 않기 때문에 내재가치를 증가시킬 수 있는 추가적인 전략이 반드시 필요하다. 이 전략이 효과적이지 않아 발행되는 코인의 시장가치의 증가가 내재가치의 증가보다 크면 개별 코인의 가격이 지속적으로 하락하는 문제가 발생한다. 이 차이를 분명히 인식해야 한다.

POS 블록체인의 목표는 '경쟁력 있는 블록체인 서비스를 통해 수익 및 가치의 창출하는 것'이다. 이 목표가 달성되어 다수의 보유자와 사용자에 의해 코인의 수요와 공급이 활성화되고, 발생하는 수익이 분배되면서 POS 코인은 진정한 가치를 가진다. 이러한 목표를 달성하기까지 필요한 개발 비용, 마케팅 비용을 미리 빌려다 쓰는 개념이 POS의 인플레이션이다. 그러므로 목표 달성에 필요한 합리적인 수준에서 인플레이션을 조절해야 한다. 그리고 POS 블록체인은 점진적으로 인플레이션에 의지하는 경제 시스템을 벗어나서 블록체인 서비스에서 얻어지는 수익 및 이미 발행된 코인을 수수료로 받는 경제 시스템으로 전환해야 한다.

POS의 기술적인 부분은 지속적으로 발전해 왔다. 다양한 컨센서스 알고리즘이 개발되었고, 그 결과를 바탕으로 더 개선된 방식의 POS가 개발되었다. 기술적으로 POS는 이미 POW가 제공할 수 없는 다양한 기능과 높은 성능을 가지고 있다. 그에 비해서 POS 블록체인의 경제를 설명할 수 있는 정량화된 원리에 대한 연구는 아직 부족하다. 하지만 지속 가능한 퍼블릭 POS 블록체인을 설계하기 위해서는 POS 블록체인의 경제를 설명할 수 있는 정량화된 원리에 대한 연구가 반드시 필요하다.

이 글을 통해 제시한 POS 블록체인의 포괄적인 지속 가능성 증가 공식 또한 정량화의 측면에서 지속적으로 수정되고, 보완되며, 발전해야 한다. 또한 완전히 새로운 측면에서 블록체인의 경제 원리를 해석하려는 노력도 지속적으로 이루어져야 한다.

블록체인은 국경과 인종의 제한 없이 인터넷이 있는 곳이면 어디서나 제3자의 보증 없이 신뢰할 수 있는 데이터와 정보 그리고 자산의 이동을 가능하게 한다. 이는 매우 멋진 일이다. 경쟁력 있는 블록체인 서비스 기반의 지속 가능한 경제 구조를 만드는데 성공한 블록체인들은 전세계를 무대로 차세대 블록체인 시장을 선도할 것이다. 그리고 경쟁력 있는 블록체인 서비스를 성공적으로 완성한 블록체인들이 증가함에 따라 거대한 블록체인 서비스 생태계가 형성되면서 전체 블록체인 시장 규모는 지속적으로 성장할 수 있을 것이다.

POS 블록체인이 단지 꿈이 아니라 거대한 미래 산업으로 성장하기 위해서는 다음과 같은 세 가지 주제의 해결이 필요하다.

a. 수평 확장 및 데이터 및 가치의 이동이 가능한 분산화된 블록체인 연결 플랫폼

b. 오픈된 환경의 대규모 트래픽 속에서 안정성과 성능이 검증된 POS 컨센서스

c. POS 블록체인의 경제 구조의 원리 분석 및 지속 가능한 경제 구조 설계와 검증

이 글은 'POS 블록체인의 경제 구조의 원리 분석 및 지속 가능한 경제 구조 설계와 검증'에 기여하고자 작성하였다. 이 주제에 대한 해법이 제안되면 블록체인 서비스 시장은 더 이상 꿈에 머무르지 않을 것이다. 경쟁력 있는 블록체인 서비스를 통해 수많은 유저를 확보한 지속 가능한 블록체인의 탄생과 누구나 공평하게 이용할 수 있고, 참여할 수 있는 블록체인 생태계 형성에 기여하는 기쁨과 함께 이 글을 마친다.

지금까지 디지털 화폐와 비트코인에 대해 살펴봤다. 이제 비트코인은, 아니 암호화폐는 막을 수 없는 시대의 흐름이고 사회적 현상이다. 머잖아 모든 사람이 암호화폐 지갑을 소유하고 은행 앱을 통해 돈을 이체하듯 암호화폐를 송금하고 결제하는 시대가 올 것이다. 물론 이 같은 필자의 발언을 여전히 신뢰하지 못하는 이가 있을 수 있다. 중요한 것은, 의심의 눈초리로 망설이는 동안에도 돈의 혁명은 멈추지 않는다는 것, 오히려 시간이 지날수록 변화의 속도에 가속도가 붙는다는 것이다. 당장 비트코인과 암호화폐를 신뢰하지 않더라도 그 거대한 디지털 화폐의 흐름에 대한 관심을 놓치지 않아야 한다.

모르면 의심하고, 두려워한다.
의심과 두려움은 모든 기회를 앗아간다.
의심과 두려움은 무지에서 온다.
그러므로 의심과 두려움이 밀려오면
공부하고 연구하고 사색하여 실체를 파악해야 한다.

알면 의심과 두려움이 사라지고 안개가 걷히듯

모든 것이 명확해지고 비로소 기회가 보인다.